ISRAEL KOCHT
VEGETARISCH

Ich widme dieses Buch meiner geliebten Mutter Karin Elisabeth, von der ich so viel gelernt habe und der ich meine Liebe und Einstellung zum Kochen zu verdanken habe. Während der Fertigstellung dieses Buches verstarb meine Mutter nach langer Krankheit, aber doch unerwartet.

TOM FRANZ

ISRAEL KOCHT VEGETARISCH

DIE SCHÖNSTEN REZEPTE AUS MEINER NEUEN HEIMAT

Fotografie
Daniel Lailah

Foodstyling
Amit Farber

AT VERLAG

11 SHARING
GERICHTE ZUM
TEILEN

55 STARTER
KLEINE GERICHTE UND
VORSPEISEN

81 SALATE
REZEPTE ZUM
SATTESSEN

103 GROSSE GERICHTE
UND **HAUPTSPEISEN**

143 ZUM SCHLUSS
NOCH ETWAS **SÜSSES**

168 ANHANG

ISRAEL KOCHT VEGETARISCH

Dieses Buch enthält meine persönliche Sammlung von Rezepten für vegetarische Gerichte seit dem Tag, als ich in Israel anfing zu kochen: meine Version von Gerichten, die ich irgendwo probiert habe und die so gut schmecken, dass ich sie aus der Erinnerung heraus nachgekocht habe, Streetfood, das ich liebe, Gerichte von Hobbyköchen und talentierten Chefköchen, mit denen ich das Vergnügen hatte zu kochen und die mir ihre Geheimnisse verraten haben, und natürlich eigene Kreationen.
Viele der Rezepte in diesem Buch stammen aus der alltäglichen israelischen Küche. Aber was ist die »israelische« Küche?

DIE ISRAELISCHE KÜCHE
Die israelische Küche ist ein faszinierender Melting Pot, ein Schmelztiegel, der sich weiterentwickelt und entfaltet, während ich diese Zeilen schreibe.
Das jüdische Volk nahm die verschiedenen Küchen und Kochstile aus den etwa 100 Ländern auf allen Kontinenten dieser Erde, in denen es jeweils nahezu 2000 Jahre in einer Diaspora gelebt hatte, im Laufe des 20. Jahrhunderts bei ihrer Rückkehr in sein biblisches Heimatland mit. Neben der ewigen Thora und ihren geistigen Werten ein kultureller Bezugspunkt, dem man sich treu bleibt. Die traditionellen Gerichte, die die Menschen aus aller Herren Länder im Gepäck hatten, vermischten sich mit den Produkten der lokalen Landwirtschaft und Märkte, man integrierte sie in eine nationale Küche, die sich immer noch im Entstehen befindet und in der es nur so sprudelt von Ideen. Die Küchen der hier lebenden und benachbarten christlichen und muslimischen Araber haben ebenso ihren Teil an der Entwicklung der modernen israelischen Küche wie die wechselnde Herrschaft der Osmanen bis 1918 und der Briten bis 1948.
Aus diesen vielen Einflüssen existiert die israelische Küche, die in dem Sinne eine Weltküche par excellence genannt werden kann. Wer noch nicht in Israel war, den wird es vielleicht überraschen, dass ein »typisch« israelisches Essen ein Schnitzel mit Hummus in einem Baguette ist.

DANA UND TOM FRANZ MIT IHREN KINDERN. VON LINKS: DAVID BARUCH, GABRIEL ADAM UND ELIANNA SARAH.

Dieser brodelnde Melting Pot macht die israelische kulinarische Szene zu einem der lebhaftesten und interessantesten Schauplätze der Welt, und ich bin froh und glücklich, heute ein Teil von ihr zu sein und sie dem deutschsprachigen Publikum präsentieren zu können.

WARUM VEGETARISCH?

Die vegetarische Küche Israels ist nicht weniger aufregend und spannend als die übrige israelische Küche. Insbesondere die traditionelle jüdische Küche basiert auf vielen vegetarischen Gerichten, zumal Fleisch als Luxusgut dem Schabbat und den Feiertagen vorbehalten blieb, an denen die besonderen halachischen Regeln das Kochen zwar beschränken, aber dennoch festlich gekocht und üppig aufgetischt wird.

Für mich ist von Vorteil, dass vegetarische Rezepte eigentlich immer schon koscher sind und nicht erst angepasst werden müssen. Obwohl ich kein Vollzeitvegetarier bin, ergibt es sich, dass ich wenig Geflügel und noch weniger Fleisch esse, und wenn, dann hauptsächlich – in guter jüdischer Tradition – am Schabbat oder an den Feiertagen. Während der Woche ernähre ich mich bewusst und gesund – und daher überwiegend vegetarisch.

Diese meine bunte und abwechslungsreiche Küche möchte ich Ihnen in diesem Buch vorstellen. Lassen Sie sich von mir auf eine kulinarische Reise durch die vegetarische israelische Küche mitnehmen, eine Küche, in der Tomaten, Auberginen, Hülsenfrüchte, Tahini, Knoblauch, Zitronen und Olivenöl die Hauptrolle spielen.

DANK

Meiner wunderbaren Frau Dana habe ich zu verdanken, dass ich 2013 den Masterchef-Wettbewerb in Israel gewonnen habe. Seit diesem Tag ist unsere damals dreiköpfige Familie um zwei Kinder größer geworden. Noch heute ist Dana meine Managerin, ohne die all die fantastischen kulinarischen Projekte der letzten Jahre nicht möglich gewesen wären.

SHARING
GERICHTE ZUM TEILEN

LAUCHFRIKADELLEN MIT GERÖSTETEN ZUCCHINI IN JOGHURT

Lauch hat für das jüdische Volk eine besondere Bedeutung. Er symbolisiert den Wunsch, Gott möge im neuen Jahr dafür sorgen, dass Feinde und diejenigen, die ihm Böses wollen, abgewehrt werden. Daher gehören diese Frikadellen zu den traditionellen Gerichten von Pessach, dem Fest, welches an den Auszug der Israeliten aus Ägypten erinnert, und dem jüdischen Neujahrsfest Rosch Haschana; sie werden vor allem von den balkanstämmigen Juden zubereitet. ♦ Der Zucchinisalat ist Bestandteil der lokalen arabischen Küche und existiert in zwei Versionen: einmal mit Joghurt wie in diesem Rezept und einmal mit Tahini wie auf Seite 32.

Für 4–6 Personen

Für die Lauchfrikadellen
- 1 kg Lauch
- natives Olivenöl
- Salz
- 2 Eier
- ¼ TL Rosenpaprikapulver
- 50–100 g Paniermehl
- schwarzer Pfeffer aus der Mühle

Für die Zucchini
- 2–3 Zucchini
- 1–2 Knoblauchzehen
- natives Olivenöl
- Salz und schwarzer Pfeffer aus der Mühle
- 200–300 g griechischer Joghurt oder Ziegenjoghurt
- ½ TL Oregano, getrocknet
- Saft von ¼ Zitrone

1 Für die Frikadellen den Lauch putzen und sorgfältig waschen. Den hellen Teil in Stücke von ½ cm schneiden. 3–5 Esslöffel Olivenöl in einer großen Pfanne erhitzen und den Lauch mit etwas Salz andünsten, ohne dass er Farbe nimmt. Die Pfanne vom Herd nehmen und den Lauch mindestens 20 Minuten abkühlen lassen. Anschließend mit den Eiern vermengen und mit Rosenpaprika würzen. So viel Paniermehl hinzufügen, dass eine breiige Masse entsteht. Mit Salz und Pfeffer würzen. **2** Aus der Lauchmasse Kugeln von etwa 3 cm Durchmesser formen und diese so flach drücken, dass die Frikadellen zum Schluss etwa 1 cm dick sind. Reichlich Olivenöl in einer großen Pfanne erhitzen und die Frikadellen bei mittlerer Hitze von jeder Seite 3–4 Minuten goldbraun braten. **3 Für die Zucchini** den Backofen auf 180 Grad vorheizen. Die Zucchini putzen, waschen und in 1 cm große Würfel schneiden. Die Knoblauchzehen schälen und durch die Knoblauchpresse drücken oder fein hacken. **4** Die Zucchiniwürfel in Olivenöl schwenken, mit Salz und Pfeffer würzen und auf einem mit Backpapier ausgelegten Backblech ausbreiten. Im heißen Ofen 10–15 Minuten goldbraun backen. Herausnehmen und auskühlen lassen. Anschließend die Zucchini mit dem Joghurt vermischen und mit Knoblauch, Oregano, Salz und Pfeffer sowie Zitronensaft abschmecken. **5** Die Lauchfrikadellen warm oder kalt auf die Teller verteilen und die Zucchini daneben anrichten.

DIESER DIP EIGNET SICH HERVORRAGEND ALS MEZZE. AM BESTEN BEREITET MAN IHN EINEN TAG VORHER ZU, DAMIT DIE AROMEN GUT DURCHZIEHEN KÖNNEN.

GEGRILLTE AUBERGINE MIT ZITRONEN-KNOBLAUCH-PÜREE

Dieses Rezept habe ich von Chefkoch Erez Komorovsky, einem der großen Pioniere der modernen israelischen Küche, übernommen. Als wir es 2015 erstmals gemeinsam kochten, stammten die Auberginen, die wir damals verwendet haben, aus seinem eigenen Garten und hatten ein tolles Aroma. Aber das Gericht funktioniert auch mit Gemüse aus dem Supermarkt gut. ♦ Die Kombination mit eingelegten Zitronen, Knoblauch und Estragon ist ein erneuter Beweis der Vielseitigkeit der Aubergine – und, offen gestanden, auch dafür, dass man nie im Leben auslernt.

Für 4–6 Personen

- 2–3 große Auberginen, vorzugsweise junge Früchte ohne Samen
- 2–6 Knoblauchzehen
- ¼ – ½ eingelegte Zitrone
- 4–8 Estragonblätter
- 4–6 EL natives Olivenöl
- Salz und schwarzer Pfeffer aus der Mühle
- Saft von 1 Zitrone
- 200 g Labané (Rezept Seite 21; alternativ Naturjoghurt oder griechischer Joghurt)

1 Den Backofen auf maximale Temperatur (220–240 Grad) vorheizen. Die Auberginen auf der obersten Schiene im heißen Ofen so lange von allen Seiten grillen, bis deren Haut rundum verbrannt und das Fruchtfleisch butterweich ist. **2** Die Knoblauchzehen schälen und in einem Mörser fein zerstoßen. Die eingelegten Zitronen und die Estragonblätter hinzufügen und ein feines Püree herstellen. Reichlich Olivenöl einrühren. **3** Das weiße Fruchtfleisch heiß oder kalt aus den Auberginen löffeln und auf den Tellern anrichten. Jeweils etwas von der Knoblauch-Zitronen-Masse daraufgeben und mit Salz und Pfeffer würzen. Zitronensaft und Olivenöl darüberträufeln. Labané dazu servieren. Wem die Form des Anrichtens auf dem Foto gefällt, kann die Zitronenmasse und Labané auf die geöffneten Auberginen geben und das Ganze mit Estragon dekorieren.

Rezept für eingelegte Zitronen
Für ein sterilisiertes Vorratsglas mit 1 Liter Fassungsvermögen werden benötigt: 5–8 Biozitronen, in Viertel geschnitten, 250 g grobes Meersalz und 500–700 ml natives Olivenöl. Die Zitronen waschen, trocken reiben, mit dem Meersalz vermischen und in das Glas schichten. Mit so viel Olivenöl übergießen, dass die Früchte völlig bedeckt sind. Das Glas fest verschließen und die Zitronen mindestens zwei Wochen an einem dunklen, kühlen Ort ziehen lassen, bevor sie verwendet werden.
Tipp für die schnelle Version: 1 Biozitrone in Achtel schneiden. Die Zitronenstücke in eine kleine Pfanne geben und mit reichlich Salz und nativem Olivenöl bedecken. Die Zitronen bei sehr kleiner Hitze 20–40 Minuten köcheln lassen, dabei gelegentlich schwenken und immer wieder wenden, bis sich das Fruchtfleisch aufzulösen beginnt.

ISRAELISCHE FRITTEN
MIT MILCH-AIOLI UND MADBUCHA

Fritten oder – englisch – French fries gibt es nahezu überall. Diese aber sind ganz besonders. Ich habe sie in einem veganen Restaurant in Tel Aviv gegessen, das vor allem von jungen Leuten frequentiert wird, im Zakaim. ♦ Zu den Fritten schmeckt ein Milch-Aioli, das sogar mit Sojamilch funktioniert, und statt Ketchup aus der Flasche gibt es Madbucha dazu. Madbucha ist eine pikante Tomatensauce aus dem Küchenschatz der jüdischen Einwanderer aus Marokko. Wer sich einmal an diese Sauce gewöhnt hat, wird bestimmt schlechte Laune bekommen, wenn sie mal nicht im Kühlschrank steht – oder wird sofort neues Madbucha machen.

Für 4–8 Personen
Für die Fritten
- 1–2 kg kleine bis mittelgroße festkochende Kartoffeln
- 1½–2 kg Frittierfett (alternativ 2 l Frittieröl)
- Salz

1 Für die Fritten den Backofen auf maximale Temperatur (220 bis 240 Grad) vorheizen. **2** Die Kartoffeln sorgfältig waschen. Ein Backblech mit Backpapier auslegen und die Kartoffeln je nach Größe 35–50 Minuten backen, bis sie völlig weich sind und mindestens ein Drittel ihrer Feuchtigkeit verdunstet ist. Die Kartoffeln herausnehmen und auskühlen lassen. **3** Dann die Kartoffeln mit den Fingern aufbrechen, dabei kleine Kartoffeln in Hälften, größere in mehrere Stücke. (Durch das Arbeiten mit den Fingern bekommen sie die rauen und unebenen Formen, die der Grund dafür sind, dass die Kartoffeln beim anschließenden Frittieren schön knusprig werden.) **4** Das Frittierfett in einem Topf auf etwa 170 Grad erhitzen und die Kartoffeln portionsweise goldbraun frittieren. Mit einem Schaumlöffel herausnehmen, auf Küchenpapier abtropfen lassen und salzen. ➡

♦ Überprüfen Sie die Frittiertemperatur mit einem Thermometer oder tauchen Sie ein Holzstäbchen ins heiße Fett. Steigen Bläschen am Holz nach oben, ist das Öl ausreichend heiß. Als Frittierfett eignet sich Kokosfett, Sonnenblumenöl oder Erdnussöl.

ISRAELISCHE FRITTEN
MIT MILCH-AIOLI UND MADBUCHA

Für Madbucha
- 1 ½ kg Tomaten
- 3–8 Knoblauchzehen
- 1–3 Chilischoten
- 1–2 TL Paprikapulver, edelsüß
- 1–2 TL Rosenpaprikapulver
- 1 TL brauner Zucker
- 2–3 EL natives Olivenöl
- Salz und schwarzer Pfeffer aus der Mühle

Für das Milch-Aioli
- 1–4 Knoblauchzehen
- 100 ml Milch/Sojamilch
- 1 EL Dijonsenf
- 200 ml Sonnenblumenöl
- Saft von ½ Zitrone
- Salz

5 **Für Madbucha** die Tomaten (wer möchte, kann sie vorher häuten, siehe Tipp unten) in Würfel schneiden. Die Knoblauchzehen schälen und durch die Knoblauchpresse drücken oder fein hacken. Die Chilischoten waschen und in kleine Ringe oder Stücke schneiden. Sämtliche für das Madbucha genannten Zutaten bis auf das Salz zusammen in einen Topf geben, umrühren und bei kleiner Hitze so lange köcheln lassen, bis sich die Masse um ein Drittel oder auf die Hälfte reduziert hat. Regelmäßig umrühren. Madbucha erst salzen, wenn es die gewünschte Konsistenz hat. Auf diese Weise vermeidet man, dass es möglicherweise zu salzig wird, wenn die Flüssigkeit verdampft ist. Madbucha abkühlen lassen und in ein Vorratsglas oder eine verschließbare Dose füllen. **6** **Für das Milch-Aioli** die Knoblauchzehen schälen und durch die Knoblauchpresse drücken oder fein hacken. Die Milch mit Knoblauch und Senf mit dem Pürierstab mixen. Nun einige Tropfen von dem Öl hinzufügen und 2–3 Minuten mixen. Danach 1 Esslöffel Öl hinzugeben und 1 Minute mixen, bevor das restliche Öl in dünnem Strahl bei laufendem Gerät angegossen wird. Das Aioli sollte dann die gewünschte Konsistenz haben. Den Zitronensaft hinzufügen und mit Salz abschmecken.
7 Zum Servieren die Fritten zusammen mit Aioli und Madbucha anrichten.

◆ Die genannten Zutatenmengen für Madbucha ergeben etwa 1 Kilogramm. Madbucha lässt sich überall dort einsetzen, wo eine Tomatensauce vorgesehen ist oder wo man Ketchup nehmen würde. Es hält sich verschlossen im Kühlschrank mindestens zwei Wochen.

◆ Das Häuten der Tomaten geht so: Die Früchte von ihrem Stielansatz befreien, an ihrer Unterseite kreuzförmig einritzen und für 30 Sekunden in einen Topf mit kochend heißem Wasser geben. Anschließend herausnehmen, kurz in kaltes Wasser tauchen und die Haut abziehen.

WER ES NICHT GANZ SO SCHARF MAG, VERWENDET MILDE CHILISCHOTEN UND ENTKERNT DIESE VIELLEICHT AUCH NOCH, DENN DIE MEISTE SCHÄRFE STECKT IN DEN KERNEN. MAN KANN ALLERDINGS AUCH DIE CHILISCHOTEN GANZ WEGLASSEN UND ERSETZT DIESE MIT ROSENPAPRIKAPULVER. DIE SCHÄRFE VON MADBUCHA LÄSST SICH DAMIT LEICHTER REGULIEREN.

BASLAMÉ SCHNELLE JOGHURT-PITA AUS DER PFANNE MIT LABANÉ

Zu jedem ostmediterranen Essen, das mit Mezze beginnt, gehört das richtige Fladenbrot. Ein solches ist Baslamé. Baslamé stammt aus der Türkei. Der Joghurt im Teig macht ihn locker und leicht. Aber das Beste ist eigentlich, dass man Baslamé nicht im Ofen backt, sondern in der Pfanne zubereitet. ◆ *Labané ist ein Sauermilchprodukt, das sowohl aus Kuh-, Ziegen- und Schafsmilch hergestellt wird. Es ist im gesamten Mittleren Osten beliebt. Es lässt sich einfach selber herstellen und ist gut aufzubewahren.*

Für 4–6 Personen
Für das Labané
- 1 l Joghurt aus Schafs- oder Ziegenmilch
- 1 TL Meersalz

1 Für das Labané den Joghurt mit dem Meersalz in einer Schüssel verrühren. Ein sauberes Tuch über eine Schüssel legen und die Joghurtmasse vorsichtig in die Mitte füllen. Das Tuch an den vier Enden fassen und miteinander verknoten. An den Knoten eine Schnur binden und den Stoffbeutel mit der Joghurtmasse über einer Schüssel aufhängen und die Flüssigkeit gut abtropfen lassen. Nach 3 Stunden ist das Ergebnis ein weiches, frisches Labané, das zum Streichen und Dippen geeignet ist. Eine besonders schöne Variante ist, die Masse etwa 24 Stunden aushängen zu lassen, bis sie recht fest ist. Dann das Labané für mindestens 1 Stunde in den Kühlschrank stellen. Ein Weckglas zu einem Drittel mit Olivenöl füllen. Das Labané mit den Händen zu etwa 3 cm großen Kugeln formen und einzeln in das Olivenöl gleiten lassen. Darauf achten, dass alle Kugeln mit Olivenöl bedeckt sind. Das Labané hält sich auf diese Weise sogar bei Zimmertemperatur einige Wochen, im Kühlschrank noch viel länger. ➨

◆ *Baslamé passt zu allen möglichen Mezze. Es mit Labané zu servieren, ist nur eine von vielen Möglichkeiten.*

BASLAMÉ SCHNELLE JOGHURT-PITA AUS DER PFANNE MIT LABANÉ

Für 8 Pitas
- 1 EL Trockenhefe
- 1 EL Zucker
- 600 g Weizenmehl Type 405
- 1 TL Salz
- natives Olivenöl
- 200 g Joghurt (mindestens 3 %)
- helle Sesamsamen, alternativ Schwarzkümmel, Fenchelsamen oder Koriandersamen, zerstoßen

◆ Traditionell reicht man zu den Pitas Labané, beträufelt dieses mit Olivenöl und drückt darüber eine oder mehrere Tomaten aus. Die Menge richtet sich nach der Anzahl der Personen.

2 Für die Pitas die Hefe und den Zucker mit etwa 50 ml lauwarmem Wasser verrühren, bis die Hefe sich auflöst. 10–15 Minuten abgedeckt an einen warmen und zugfreien Ort stellen, bis die Hefe anfängt, Blasen zu werfen. **3** Das Mehl in die Rührschüssel des Mixers geben und mit dem Salz vermischen. In der Mitte eine Mulde formen. 1 Esslöffel Olivenöl, Joghurt und Hefe in die Mulde geben und auf kleiner Stufe des Mixers vermischen. 150–250 ml lauwarmes Wasser bereitstellen und dieses nach Bedarf portionsweise hinzufügen. Wichtig! Der Teig soll zu einer einheitlichen Masse werden, die nicht klebrig ist. Der Teig hat die richtige Menge Wasser, wenn man einen Finger hineindrückt und sich die Druckstelle gleich wieder von selbst verschließt. Den Teig nun weitere 5–10 Minuten kneten und anschließend 20–25 Minuten abgedeckt an einem warmen Ort gehen lassen. **4** Den Teig in acht gleiche Teile schneiden und jeden Teil zu einer Kugel formen. Jede Kugel auf einer mit Mehl bestäubten Arbeitsfläche mit einem Nudelholz zu einer etwa 1 cm dicken Scheibe ausrollen. **5** Eine Pfanne mit etwa 26 cm Durchmesser auf Mittelhitze erwärmen, die obere Seite der Pita großzügig mit Olivenöl einpinseln und mit dieser Seite nach unten in die Pfanne legen. Nun die andere Seite der Pita auch mit Olivenöl einpinseln und mit Samenkörnern nach Belieben bestreuen. Die Pita wenden, wenn der Teig in der Pfanne Blasen wirft und die Unterseite eine goldbraune Färbung annimmt. Die Pita nochmals wenden und diese Seite ebenfalls goldbraun braten. **6** Die fertigen Pitas auf einen Teller legen und stapeln. Mit den übrigen Teigkugeln ebenso verfahren.

MASSABACHA
MIT CHILIPÜREE

Massabacha ist mit Hummus eng verwandt und doch so anders, dass es zwei verschiedene Gerichte sind, die gelegentlich zusammen als Hummus-Massabacha auf einem Teller serviert werden. Man könnte Massabacha vielleicht so beschreiben: Es ist ein sehr grober Hummus, sagen wir einfach Urhummus, und stammt aus einer Zeit, als es noch keinen Mixer gab. Dazu gibt es Chilipüree, jedoch nur für die, die den Adrenalinkick suchen und gerne sehr scharf essen.

Für 6 Personen
Für das Massabacha
- 500 g getrocknete Kichererbsen (über Nacht in reichlich Wasser eingeweicht), alternativ Kichererbsen aus Glas oder Dose, 1 kg (Abtropfgewicht)
- Salz
- 400 g Tahini
- Saft von 1–2 Zitronen
- schwarzer Pfeffer aus der Mühle

Für das Chilipüree
- 1–2 Chilischoten
- Saft von 1 Zitrone
- 2 EL natives Olivenöl
- Salz

Außerdem
- natives Olivenöl extra
- Brot, vorzugsweise Pita oder Fladenbrot
- hart gekochte Eier
- Oliven
- Zwiebeln, geschält und in Achtel geschnitten

1 Für das Massabacha die Kichererbsen in einen Topf geben und mit reichlich Wasser bedecken, etwas salzen. Alles aufkochen lassen und bei kleiner Hitze simmern lassen, bis die Kichererbsen so weich sind, dass sie sich im Mund angenehm anfühlen. (Wenn getrocknete Kichererbsen verwendet werden, zum Kochen kein Salz dazugeben. Der Kochvorgang kann hier durchaus länger als 2 Stunden dauern, und es kann gut sein, dass Flüssigkeit beim Kochen ergänzt werden muss. Die Kichererbsen sollen immer mit Flüssigkeit bedeckt sein.) **2** Wenn die Kichererbsen fertig sind, zwei Kellen mit wenig Flüssigkeit entnehmen und beiseitestellen. Das restliche Kochwasser abgießen, aber auffangen und ebenfalls beiseitestellen. **3** Die Kichererbsen im Topf mit einem Stampfer zerkleinern, das Tahini unterrühren und den Zitronensaft (Menge nach Belieben) einarbeiten. Mit Salz und Pfeffer abschmecken. Wenn die Masse zu kompakt ist, mit Kochwasser verdünnen. **4 Für das Chilipüree** die Zutaten im Mixer oder mit dem Stabmixer grob pürieren. **5** Jeweils eine Portion Massabacha auf den Teller geben, ganze Kichererbsen darauf verteilen und mit etwas Olivenöl beträufeln. Brot und Chilipüree sowie nach Belieben hart gekochte Eier, Oliven und Zwiebeln getrennt anrichten.

JERUSALEM-KUGEL

Der Jerusalem-Kugel oder »Kiegel Yerushalmi«, wie er in Israel heißt, ist eine Adaption des aschkenasischen Kugels, den osteuropäische Juden vermutlich schon im 19. Jahrhundert nach Jerusalem einführten, wo unter dem Einfluss der sephardischen Nachbarn der süße Nudelauflauf mit reichlich schwarzem Pfeffer deren Gaumen angepasst wurde. ♦ *Der »Kiegel Yerushalmi« ist ebenso wie der »Tscholent« ein Gericht, das im Original 16–20 Stunden gegart und traditionell am Schabbat gegessen wird.*

Für 6–8 Personen
- 400 g Cappellini, alternativ Spaghetti
- 100 ml Sonnenblumenöl
- 300 g Zucker
- 100 g Sultaninen und Rosinen, gemischt
- 4 Eier
- 1 EL Salz
- 1–2 TL schwarzer Pfeffer aus der Mühle
- ½ TL Zimtpulver nach Belieben

Außerdem
- Butter für die Form

1 Den Backofen auf 150 Grad vorheizen. **2** Die Nudeln nach Packungsanleitung in Salzwasser (1 TL Salz pro Liter Wasser) al dente kochen und abgießen. In der Zwischenzeit – es ist wichtig, dass die Nudeln nicht auskühlen – das Sonnenblumenöl mit dem Zucker in einer Pfanne erhitzen und den Zucker karamellisieren lassen, bis er goldbraun bis dunkelbraun wird, ohne jedoch zu verbrennen. **3** Sobald die gewünschte Bräunung erreicht ist, die Pfanne vom Herd nehmen, den Karamell über die Nudeln gießen, die Sultaninen und Rosinen hinzufügen und unterrühren. Die Eier verquirlen und mit Salz, Pfeffer sowie Zimt würzen. Die Eiermasse über die Nudeln gießen und gut verrühren. **4** Nun die Nudeln in eine mit Butter ausgestrichene Backform (Kastenform, Kasserolle oder ofenfester Topf) geben und 2–3 Stunden im heißen Ofen backen, bis der Kugel eine schöne dunkle Farbe bekommt. Den Kugel erst in Stücke schneiden, wenn sie mindestens 30 Minuten abgekühlt ist.

♦ *Falls die gewünschte Karamellisierung bereits vor dem nächsten Kochvorgang erreicht ist, die Pfanne auf eine kalte, hitzebeständige Fläche (z. B. eine zweite Herdplatte, auf Marmor oder einen Untersetzer) stellen und den Karamell vor der weiteren Verwendung gegebenenfalls noch einmal erhitzen.*

WENN MAN DEN ZUCKER IN ÖL KARAMELLISIERT, VERTEILT SICH DIE HITZE GLEICHMÄSSIGER, ALS WENN DIES TROCKEN GESCHIEHT. DER VORGANG LÄSST SICH DANN BESSER KONTROLLIEREN.

EIJA KARTOFFEL-KRÄUTER-PUFFER MIT PAPRIKASALSA

Eija ist ein irakisches Gericht, das jüdische Mütter früher traditionell für ihre Kinder am Waschtag vorbereiteten, wenn zum Kochen wenig Zeit war. Wegen seiner großen Beliebtheit lebt das Gericht heute fort, auch wenn es keine festen Waschtage mehr gibt. Es ist eine sehr feine Methode, seinen Kindern frische Kräuter »unterzujubeln«, die sie sonst nicht oder nicht in dieser Menge zu sich nehmen würden. ♦ In manchen Hummusbuden wird Eija morgens als zusätzliches Frühstücksgericht angeboten und in Pita mit Tahini gegessen. Ich könnte Eija jeden Tag essen – morgens, mittags oder abends. Während Eija üblicherweise in Form von kleinen Bratlingen angeboten wird, bereite ich Eija gerne als einen großen Puffer.

Für 4–6 Personen
Für das Eija
- 500 g Salzkartoffeln, weich gekocht, alternativ Pellkartoffeln, geschält
- 1 Bund glatte Petersilie
- 2 Frühlingszwiebeln
- 1 Handvoll Korianderblätter
- 4–6 Eier
- Salz und schwarzer Pfeffer aus der Mühle
- 3–5 EL natives Olivenöl

1 Für das Eija die Kartoffeln in kleine Würfel schneiden und mit einer Gabel oder einem Kartoffelstampfer zerdrücken. Die Petersilie waschen und trocken schütteln. Die Blätter von den Stängeln zupfen und fein hacken. Die Frühlingszwiebeln putzen, waschen und in feine Ringe schneiden. Die Korianderblätter waschen, trocken tupfen und fein hacken. Kartoffeln, Petersilie, Frühlingszwiebeln, Koriander und die Eier miteinander vermengen und mit Salz und Pfeffer würzen. **2** Das Olivenöl in einer großen, am besten beschichteten, Pfanne mit vorzugsweise 24–26 cm Durchmesser erhitzen. Die Masse hineingeben, mit einem Deckel abdecken und bei kleiner Hitze braten. Wenn die Masse nach 8–10 Minuten überwiegend gestockt ist, wenden, indem man das Eija auf einen Teller gleiten lässt, die Pfanne umgedreht über den Teller hält und nun Pfanne und Teller sehr rasch zusammen umdreht, sodass das Eija sozusagen »mit dem Gesicht nach unten« in die Pfanne fällt. Weitere etwa 5 Minuten braten. ▶

♦ Eija kann auch sehr gut kalt gegessen werden. Es passt auch prima in ein Sandwich. Außerdem eignet es sich ideal als »Schulbrot« oder als Proviant für unterwegs.

EIJA KARTOFFEL-KRÄUTER-PUFFER MIT PAPRIKASALSA

Für die Paprikasalsa
- 1 rote Paprikaschote
- 1 gelbe Paprikaschote
- grobes Salz
- ½ TL brauner Zucker
- Saft von ½ Zitrone
- 2 EL natives Olivenöl
- Salz und schwarzer Pfeffer aus der Mühle

Außerdem
- griechischer Joghurt oder Labané

3 Für die Salsa den Backofen auf maximale Temperatur mit Grillfunktion vorheizen. Die Paprikaschoten waschen und trocken reiben. Ein Backblech mit Backpapier auslegen. Die Paprika darauflegen und im heißen Ofen auf einer der oberen Schienen 20 bis 25 Minuten rösten, dabei alle 5 Minuten wenden, damit sie von allen Seiten Hitze bekommen und schwarz werden. (Keine Sorge! Die Haut wird anschließend abgezogen, sobald die Paprika etwas abgekühlt sind. Die Aromen, die das Fruchtfleisch durch das Rösten erhält, sind später diejenigen, die die Salsa so lecker machen.)

4 Sobald die Haut der Paprika schwarz geworden ist, die Früchte aus dem Ofen nehmen, in eine Schüssel geben, etwas grobes Salz daraufstreuen und die Schüssel mit Klarsichtfolie abdecken. Sobald die Paprika auf Zimmertemperatur abgekühlt sind, die Folie abnehmen, die Paprika unter fließendem kaltem Wasser von der Haut befreien und die Scheidewände sowie die Kerne entfernen. Nun die Früchte in 3–5 mm große Würfel schneiden und mit dem braunen Zucker, Zitronensaft und dem Olivenöl vermengen. Mit Salz und Pfeffer würzen. **5** Die Eija in Stücke schneiden und auf die Teller verteilen. Die Paprikasalsa und den Joghurt darüberlöffeln.

IM GANZEN **GEBACKENER BLUMENKOHL** MIT TAHINI-SAUCE

Ein einfaches Essen auch für Ungeübte! Es schmeckt köstlich und ist gesund. Meine beiden Jungs, heute drei und fünf Jahre alt, lieben es. Der israelische Chefkoch Eyal Shany hat dieses Gericht fest auf seiner Karte; niemand von seinen Gästen mag darauf verzichten, einen seiner Babyblumenkohle, die förmlich auf der Zunge zergehen, zu kosten. Ich bereite dazu Tahini-Sauce, die im Mittleren Osten die Mayonnaise ersetzt.

◆ Die Verbindung von Blumenkohl und Tahini ist jedoch nicht neu. In der Küche Galiläas gibt es von jeher gebratene Blumenkohlröschen, in Tahini-Sauce eingelegt; sie werden als Mezze gereicht. Der Kohl bekommt dabei eine scharfe Note.

Für 6 Personen
- 2 kleine bis mittelgroße Blumenkohlköpfe, am besten mit einigen Blättern
- natives Olivenöl
- Salz

Für die Tahini-Sauce
- 200 g Tahini
- 1 Knoblauchzehe, geschält und durch die Knoblauchpresse gedrückt
- Saft von 1 kleinen Zitrone
- Salz

1 Den Backofen auf 200 Grad vorheizen. **2** Die Blumenkohlköpfe mit reichlich Olivenöl beträufeln oder einpinseln und mit Salz bestreuen. Die Köpfe auf ein mit Backpapier ausgelegtes Backblech legen und im heißen Ofen 25–35 Minuten backen, bis das Gemüse so weich ist, wie man es mag – ich esse jegliches Gemüse, auch Blumenkohl, gerne leicht bissfest –, und eine schöne goldbraune Farbe bekommen hat. (Wer nur das tolle Aroma des Gemüses ohne den Auftritt des Blumenkohls als Ganzes haben möchte, kann den Blumenkohl auch in seine Röschen zerlegen und ihn dann auf dieselbe Weise backen.) **3** In der Zwischenzeit **für die Tahini-Sauce** Tahini, Knoblauch und die Hälfte des Zitronensafts vermischen und nach und nach mit kaltem, am besten eiskaltem, Wasser mit dem Schneebesen oder Stabmixer pürieren, bis die Konsistenz von flüssigem Honig erreicht ist. Mit Salz und dem restlichen Zitronensaft abschmecken. **4** Den Blumenkohl auf Zimmertemperatur abkühlen lassen und mit der Tahini-Sauce übergossen servieren.

◆ Die kleinen Blätter des Blumenkohls schmecken gegrillt sehr gut und ergänzen das Gericht perfekt.

BULGUR-SÜSSKARTOFFEL-TARTE
MIT KRÄUTERSALAT

Dieses Gericht habe ich anlässlich einer Einladung bei Freunden kennengelernt, die aus dem Libanon stammen. Es hat mir so gut geschmeckt, dass ich die Tarte unmittelbar danach selber mit kleinen Abwandlungen gebacken habe. Zugegeben, sie sieht etwas einfach aus, schmeckt aber bombastisch gut. Dazu serviere ich einen Kräutersalat. Es passt dazu aber auch gut Labané (siehe Seite 21) oder ein Zucchini-Dip (siehe Seite 12). ◆ Der Kräutersalat bekommt durch gebrannte Mandeln, die besonders knusprig sind und mit ihrer karamelligen Note die herben Kräuteraromen versüßen, das gewisse Etwas. Alternativ kann man stattdessen kandierte Pekannüsse nehmen (siehe Seite 163).

**Für 1 Springform
mit 24 cm Durchmesser
Für die Tarte**
- 800 g Süßkartoffeln
- 100 g getrocknete Tomaten
- natives Olivenöl
- 250 g grober Bulgur
- Salz
- 2 Eier
- 200 g geriebener Gouda oder Emmentaler
- 1 TL Thymianblättchen, vorzugsweise frisch
- schwarzer Pfeffer aus der Mühle

1 Für die Tarte den Backofen auf 180 Grad vorheizen. Die Süßkartoffeln waschen, trocken reiben und auf einem mit Backpapier ausgelegten Backblech im heißen Ofen etwa 30–40 Minuten backen, bis sich das Fruchtfleisch von innen von der Schale löst und weich ist. Auskühlen lassen, die Schale der Süßkartoffeln aufschneiden, das Fruchtfleisch mit einem Löffel herausheben und in eine Schüssel geben. Mit einer Gabel zerdrücken. Die getrockneten Tomaten 30 Minuten in kaltem Wasser einweichen und anschließend in kleine Stücke schneiden. **2** Etwas Olivenöl in einem Topf erhitzen und den Bulgur darin unter Rühren einige Minuten braten, ohne ihn dunkel werden zu lassen. 500 ml Wasser und ½ Teelöffel Salz dazugeben, umrühren, zum Kochen bringen, abdecken und 3–5 Minuten bei kleiner Hitze kochen. Den Topf vom Herd nehmen und mindestens 20 Minuten abgedeckt stehen lassen. **3** Den Bulgur und die restlichen genannten Zutaten zu den Süßkartoffeln geben und alles gut miteinander vermengen. Mit Salz und Pfeffer abschmecken. Die Backform großzügig mit Olivenöl ausstreichen und die Masse darin gleichmäßig verteilen. Optimal ist eine Füllhöhe von 3–4 cm. Die Tarte 30–40 Minuten im heißen Ofen leicht kross backen. Auskühlen lassen. ▶

BULGUR-SÜSSKARTOFFEL-TARTE
MIT KRÄUTERSALAT

Für den Kräutersalat
- 1–2 Bund glatte Petersilie
- 1 Bund Koriander
- 1 Bund Schnittlauch
- 2 Frühlingszwiebeln
- 100 g Cranberries
- 100 g gebrannte Mandeln
- 1 Handvoll fein gehackte Nanaminzeblätter
- Saft von ½ Zitrone
- natives Olivenöl extra
- Salz und schwarzer Pfeffer aus der Mühle

4 **Für den Salat** Petersilie, Koriander und Schnittlauch waschen und trocken schütteln bzw. tupfen. Die Petersilienblätter von den Stängeln abzupfen und fein hacken. Den Koriander mit Ausnahme der dicken Stiele fein hacken. Den Schnittlauch in Röllchen schneiden. Die Frühlingszwiebeln putzen, waschen und in feine Ringe schneiden. Die Cranberries und gebrannten Mandeln grob hacken. Kräuter, Frühlingszwiebeln, Cranberries und Mandeln miteinander vermengen. Aus Zitronensaft, 2–3 Esslöffeln Olivenöl sowie Salz und Pfeffer eine Vinaigrette herstellen und alles unterheben. **5** Die Tarte wie einen Kuchen aufschneiden und jeweils ein Stück auf die Teller geben. Jeweils eine Portion Kräutersalat daneben anlegen.

◆ *Man kann Bulgur natürlich auch einfach nur in heißem Wasser quellen lassen. Das ist auch hier möglich. Die beschriebene Methode wähle ich, damit der Bulgur besonders weich und saftig wird. Außerdem möchte ich, dass sich der Bulgur förmlich mit Wasser vollsaugt, damit er hinterher beim Backen nicht zu trocken wird.*

ICH FREUE MICH, WENN MENSCHEN NACH MEINEN REZEPTEN KOCHEN. ABER NOCH MEHR BEDEUTET ES MIR, WENN SIE VON MEINEN REZEPTEN **ZU EIGENEN KREATIONEN INSPIRIERT** WERDEN.

DER AUBERGINENSALAT SCHMECKT MIR AM BESTEN, WENN ER NOCH WARM IST. NORMALERWEISE WIRD ER JEDOCH KALT GEGESSEN. ER HÄLT SICH IM KÜHLSCHRANK BIS ZU EINER WOCHE.

CHIRSHI KÜRBISMUS

Bei diesem köstlichen Mus handelt es sich ursprünglich um das Gemüsegericht zu einem Couscous aus Tripolis/Libyen. Heute wird es auch gerne als Mezze gereicht – so wie bei Chefkoch Bino Gabso alias Dr. Shakshuka in Jaffa, von dem dieses Rezept stammt. Er machte dazu aber keine genauen Angaben, da er stets nach Gefühl, besser aus dem Bauch heraus, kocht. ♦ *Chirshi kann man geschmacklich neutral halten, indem man den Zitronensaft, das scharfe Paprikapulver und den Kreuzkümmel wie in diesem Rezept weglässt.*

Für 4–6 Personen

- 400–500 g Riesenkürbis (alternativ eine andere Kürbissorte)
- 2–3 Karotten
- 2–3 Knoblauchzehen
- Salz
- 1 TL Paprikapulver, edelsüß
- 1 TL Rosenpaprikapulver
- ¼ TL Kreuzkümmel, gemahlen
- schwarzer Pfeffer aus der Mühle
- Saft von ¼ Zitrone
- 2–3 EL natives Olivenöl

1 Kürbis, Karotten und die Knoblauchzehen schälen. Den Kürbis entkernen. Das Fruchtfleisch des Kürbisses und die Karotten in Würfel schneiden, die Knoblauchzehen grob hacken und alles in einem Topf mit einem Glas Wasser bei kleiner Hitze und geschlossenem Deckel mit etwas Salz musig weich kochen. Gegebenenfalls etwas Wasser nachgießen oder, falls der Kürbis schon weich ist, aber noch viel Flüssigkeit vorhanden ist, den Deckel abnehmen und das überflüssige Wasser verdampfen lassen. **2** Das Gemüse in eine Schüssel geben und mit einer Gabel endgültig zu Mus drücken. Mit den Gewürzen sowie Zitronensaft und Olivenöl gut verrühren.

AUBERGINENSALAT MIT TAHINI

Dieser Salat ist in Israel ein Klassiker. Wie häufig, ließe sich auch hier das Tahini durch gute Mayonnaise ersetzen. Das schmeckt genauso gut.

Für 4–6 Personen

- 1–2 Knoblauchzehen
- Fruchtfleisch von 2 Auberginen, vorbereitet wie im Rezept für die Tomaten-Tarte-Tatin auf Seite 67/68
- 100 g Tahini
- Salz und schwarzer Pfeffer aus der Mühle

1 Die Knoblauchzehen schälen und durch die Knoblauchpresse drücken oder fein hacken. **2** Solange das Fruchtfleisch der Auberginen noch warm ist, dieses mit dem Tahini und Knoblauch vermischen und mit Salz und Pfeffer würzen.

FRENA

Frena ist ein weiches, einfach herzustellendes Brot, dessen Ursprung sich in Tunesien oder Marokko befindet und das in den 1950er-Jahren mit den jüdischen Einwanderern seine Reise nach Israel unternommen hat. Das Tolle an Frena ist, dass es sich einerseits belegen lässt wie Focaccia oder Pizza und andererseits als Brotbeilage zu Hummus, Mezze und Dips so gut geeignet ist wie Pita. ◆ Dieses Rezept stammt von meinem Freund, dem Chefkoch Avi Levi, der ein Jahr vor mir Masterchef von Israel geworden ist und heute in Jerusalem ein tolles Restaurant (HaMotzi) führt, das traditionelles jüdisches Essen aus Nordafrika anbietet.

Für 8–10 Personen
- 1 kg Weizenmehl Type 405
- 2 Päckchen Trockenhefe
- 2 EL Zucker
- 2 EL Salz
- 100 ml natives Olivenöl

Außerdem
- 150 g Kirschtomaten, geviertelt
- 1 EL Thymianblättchen oder 1 Handvoll Thymianzweige, vorzugsweise frisch

1 Mehl, Trockenhefe, Zucker und Salz zusammen mit 850 ml lauwarmem Wasser in einer Küchenmaschine mindestens 10 Minuten kneten. Das Olivenöl in eine Schüssel geben, den Teig hinzufügen und in dem Olivenöl wenden. Die Schüssel mit einem Küchentuch abdecken und den Teig 40–60 Minuten an einem warmen Ort gehen lassen. Wenn er etwa das doppelte Volumen erreicht hat und Blasen wirft, den Teig aus der Schüssel nehmen und die Luft mit den Händen aus ihm herausdrücken. Den Teig auf ein mit Backpapier ausgelegtes Backblech legen und noch einmal etwa 30 Minuten mit einem Küchentuch abgedeckt gehen lassen. **2** In der Zwischenzeit den Backofen auf 170 Grad vorheizen. **3** Nun den Teig mit den Kirschtomaten als Topping belegen, mit Thymian bestreuen und im heißen Ofen 25–35 Minuten goldgelb backen.

◆ Man kann aus der Teigmenge entweder ein Riesenfladenbrot herstellen, das sich über das gesamte Backblech ausbreiten wird – so mache ich das immer –, oder den Teig in zwei bis vier Portionen teilen. Entsprechend reduziert sich dann die Backzeit.

ALS TOPPING EIGNET SICH EIGENTLICH ALLES, WONACH ES EINEN GELÜSTET: OLIVEN, FETA, GEBRATENE AUBERGINENWÜRFEL, ZWIEBELRINGE, ZATAR, MEERSALZ, SESAM, SCHWARZKÜMMEL, KÜRBISKERNE UND VIELES ANDERE. NATÜRLICH KANN FRENA AUCH EINFACH »NATUR« AUFTRETEN.

BUREKAS BALKANISCHE BLÄTTERTEIGTASCHEN

Burekas sind zumeist nicht gemeint, wenn von israelischem Streetfood geschwärmt wird. Da kommen in der Regel Hummus, Falafel, Sabich und Shakshuka vor. Und doch werden Burekas viel mehr konsumiert als die genannten Gerichte. Burekas gibt es in jeder Bäckerei und in jedem Supermarkt. Sie sind das perfekte Take-away und können ebenso kalt wie warm gegessen werden. Man findet sie auf Buffets, und sie werden am Schabbat in der Synagoge auf einer Wärmeplatte aufgewärmt gereicht. Es gibt aber auch kleine Straßenrestaurants, Buden und Miniküchen auf Rädern, die die Menschen überall mit Burekas versorgen. ♦ Ursprünglich kommen Burekas aus den Ländern des früheren Osmanischen Reiches, dem Balkan. Die Juden aus diesen Ländern brachten sie nach Israel mit. Sie haben ihnen bis heute ein sicheres Überleben verschafft. Als ich 2004 nach Israel einwanderte, habe ich mir in den ersten zwei Jahren, als ich noch keine richtige eigene Küche hatte, jeden Tag irgendwo eine Tüte voll geholt und damit eine Mahlzeit bestritten. Ich war förmlich süchtig nach diesen kleinen Blätterteigtaschen, die mich glücklich machten. ♦ Als Füllung eignet sich unendlich vieles. Klassiker sind Burekas mit Kartoffelbrei, Käse, Spinat und Käse, Pizzasauce oder mit Pilzragout gefüllt. Egal, wo man Burekas kauft, immer hat eine bestimmte Form dieselbe Füllung. Allerdings sind Fleischfüllungen unüblich. Der eigenen Fantasie aber sind keine Grenzen gesetzt.

Für 4–6 Personen
- 500 g Blätterteig (TK)
- 1 Ei

Für eine Pilzragoutfüllung
- 200 g Champignons
- 1 Gemüsezwiebel
- 3–4 EL natives Olivenöl
- Salz
- ½ TL Curry
- weißer Pfeffer aus der Mühle

1 Für das Pilzragout die Champignons putzen, waschen und trocken reiben. Anschließend in kleine Würfel schneiden. Die Gemüsezwiebel schälen und fein hacken. Das Olivenöl in einer Pfanne erhitzen und die Zwiebeln mit etwas Salz dünsten, bis sie sehr weich sind und etwas Farbe angenommen haben. Die Champignons dazugeben und so lange schmoren, bis keine Flüssigkeit mehr in der Pfanne ist. Das ist besonders wichtig, damit die Füllung nicht zu feucht ist und die fertigen Burekas nicht von innen aufweicht. Knusprig nämlich schmecken sie am besten. Curry dazugeben und mit Salz und weißem Pfeffer abschmecken. ▶

BUREKAS
BALKANISCHE BLÄTTERTEIGTASCHEN

Für eine Süßkartoffelfüllung
- 1 große oder 2 kleine Süßkartoffeln (etwa 450 g)
- 1 Gemüsezwiebel
- 2–3 EL natives Olivenöl
- Salz
- 1 TL Paprikapulver, edelsüß
- schwarzer Pfeffer aus der Mühle

Außerdem
- Sesam, alternativ Mohn oder Schwarzkümmel

Mögliche Beilagen
- hart gekochte Eier
- Tomaten
- Salzgurken
- Oliven
- Madbucha (Rezept Seite 17 f.)

2 Für die Süßkartoffelfüllung den Backofen auf 180 Grad vorheizen. Die Süßkartoffeln im heißen Ofen 30–35 Minuten (ein großes Exemplar noch länger!) so lange backen, bis sich das Fruchtfleisch von innen von der Schale löst und sie beim Einstechen mit einem kleinen Messer ganz weich sind. In der Zwischenzeit die Gemüsezwiebel schälen und fein hacken. Das Olivenöl mit etwas Salz erhitzen und die Zwiebeln dünsten, bis sie sehr weich sind und etwas Farbe angenommen haben. **3** Wenn die Süßkartoffeln fertig sind, zunächst etwas abkühlen lassen. Dann das Fruchtfleisch mit einem Löffel aus der Schale herausholen und mit einer Gabel mit den Zwiebeln verkneten. Mit Paprika, Salz und Pfeffer würzen.

4 Nun den Backofen wiederum auf 180 Grad vorheizen. Den aufgetauten Blätterteig ausrollen. Anschließend aus dem Teig etwa 10 cm große Quadrate schneiden und/oder Kreise mit etwa 12 cm Durchmesser ausstechen. In die Mitte 1 Teelöffel Füllung geben und über die Diagonale falten. Dort, wo die Teigränder aufeinanderliegen sollen, darf keine Füllung sein, damit der Teig zusammenklebt. Die Ränder zusammendrücken, die Burekas mit Ei bestreichen und nach Belieben mit Sesam, Schwarzkümmel oder Mohn bestreuen. Ein Backblech mit Backpapier auslegen und die Burekas im heißen Ofen 15–20 Minuten goldgelb backen. **5** Heiß oder abgekühlt auf Zimmertemperatur servieren.

MASHWEJA
GEGRILLTER GEMÜSESALAT

Dieser Salat ist von einer unbeschreiblichen Köstlichkeit. Verantwortlich für den fantastischen Geschmack sind die Röstaromen, die bei der Zubereitung des Gerichts entstehen. ♦ *Dieser Salat gehört wie der Olivensalat auf Seite 51 als Mezze auf jeden Schabbattisch der Juden tunesischer Abstammung.*

Für 4–6 Personen
- 3 gelbe Paprikaschoten
- 4–6 Tomaten
- 2 rote Zwiebeln
- 1–2 rote Chilischoten
- 4–8 ungeschälte Knoblauchzehen
- natives Olivenöl
- Salz
- Saft von ½ Zitrone
- 1 TL brauner Zucker
- schwarzer Pfeffer aus der Mühle

1 Die Paprikaschoten waschen, in Viertel schneiden und entkernen. Die Tomaten waschen, den Stielansatz entfernen und in Viertel schneiden. Die Zwiebeln schälen und in Viertel schneiden. **2** Den Backofen auf 240 Grad vorheizen. **3** Paprika, Tomaten, Zwiebeln, Chilischoten und Knoblauchzehen in einer Schüssel mit reichlich Olivenöl und etwas Salz baden, sodass alles mit einem Ölfilm überzogen ist. Auf ein mit Backpapier ausgelegtes Backblech geben und 15 Minuten im heißen Ofen auf einer der oberen Schienen backen. Das Blech herausnehmen und das Gemüse wenden, dabei darauf achten, dass die Paprikaschoten mit der Außenseite nach oben liegen. Zurück in den Backofen schieben und den Ofen auf Grillfunktion und maximale Temperatur einstellen. 10–15 Minuten grillen, bis das Gemüse an einigen Stellen eine schöne braune Färbung bekommen hat. Wer mag, kann es auch an manchen Stellen schon fast schwarz werden lassen. **4** Das Backblech zum Auskühlen aus dem Ofen nehmen. Die heißen Paprika aussortieren und in eine Schüssel legen. Mit Klarsichtfolie abdecken und auskühlen lassen. Nach etwa 20 Minuten die Paprika häuten. **5** Sobald das restliche Gemüse nur noch lauwarm ist, die Chilischoten beiseitelegen. Den Knoblauch mit den Fingerspitzen aus der Schale herausdrücken. Knoblauch und das restliche Gemüse klein schneiden und in eine Schüssel geben. Zitronensaft, braunen Zucker und 1–2 Esslöffel Olivenöl dazugeben und mit Salz und Pfeffer würzen. **6** Die Chilischoten (Menge nach Belieben) sehr fein hacken und mit dem Salat vermengen.

♦ *Der Salat kann sofort gegessen werden, wird aber noch besser, wenn man ihm ein wenig Zeit gibt zu ziehen. Es ist ein besonderer Spaß, die Salatzutaten im Freien statt im Backofen zu grillen. Dann kann man sich vielleicht auch das Schälen der Paprikaschoten ersparen.*

OLIVENSALAT

Oliven brauchen ja eigentlich nicht angemacht oder gekocht zu werden. Tut man es aber doch, ist das Ergebnis zumeist überraschend. Dieser Olivensalat schmeckt fruchtig nach Tomaten und nimmt den Oliven doch nicht ihre geschmackliche Dominanz. ♦ Ein Olivensalat wie dieser findet sich als Mezze auf fast jedem Schabbattisch marokkanischer Juden.

Für 4–6 Personen
- 4–8 Knoblauchzehen
- natives Olivenöl
- 300 g grüne Oliven, entkernt
- 1 Dose Tomatenpolpa (400 g)
- 1 TL Paprikapulver, edelsüß
- ½–1 TL Rosenpaprikapulver
- ½ TL Kreuzkümmel, gemahlen
- Salz und schwarzer Pfeffer aus der Mühle

1 Die Knoblauchzehen schälen und fein hacken, durch die Knoblauchpresse drücken oder in Scheiben schneiden. Das Olivenöl in einem Topf erhitzen und den Knoblauch darin leicht anbraten, ohne Farbe nehmen zu lassen. **2** Die restlichen Zutaten dazugeben und bei kleiner Hitze so lange köcheln lassen, bis die Tomatensauce so weit reduziert ist, dass sie die Oliven beim Entnehmen »ummantelt«.

ROMMANEYE AUBERGINEN-LINSEN-MUS MIT GRANATAPFELKERNEN

Ich bin immer auf der Suche nach neuen Gerichten mit Aubergine. Bis heute kann ich nicht verstehen, dass viele Menschen in Deutschland, Österreich und in der Schweiz mit diesem Gemüse nichts Rechtes anzufangen wissen. Hingegen findet man die köstlichsten Rezepte für die Eierfrucht in allen europäischen Mittelmeerländern sowie in Nordafrika und in der Levante. ♦ Ich habe dieses als Rommaneye bezeichnete Gericht bei Palästinensern kennengelernt. Es soll aus Gaza stammen.

Für 4–6 Personen
- 2 Auberginen
- 2–4 Knoblauchzehen
- 200 g braune oder grüne Linsen
- Salz
- 2 EL natives Olivenöl
- ¼ TL Kreuzkümmel, gemahlen
- schwarzer Pfeffer aus der Mühle

Außerdem
- natives Olivenöl extra
- Granatapfelkerne

1 Die Auberginen waschen, den Stielansatz entfernen und in Würfel schneiden. Die Knoblauchzehen schälen und fein hacken oder mit dem Rücken eines Messers zerdrücken. **2** Die Linsen in einem Topf knapp mit Wasser bedecken und bei geschlossenem Deckel garen. Wenn erforderlich, etwas Wasser nachfüllen. Wenn die Linsen weich sind, die Auberginenwürfel dazugeben, umrühren, etwas salzen und bei weiterhin geschlossenem Deckel und kleiner Hitze so lange kochen, bis die Auberginen völlig weich sind und die Linsen schon fast zerfallen. Gelegentlich umrühren, es soll ein weiches Mus entstehen. Wenn bei Garende noch immer zu viel Flüssigkeit vorhanden ist, diese bei offenem Deckel verdampfen lassen. **3** Wenn das Mus fertig ist, den Topf vom Herd nehmen, Olivenöl und Kreuzkümmel dazugeben und mit Salz und Pfeffer abschmecken. **4** Rommaneye auf einem großen Servierteller ausstreichen, mit Olivenöl guter Qualität beträufeln und mit Granatapfelkernen bestreuen. Frisches Brot dazu reichen, z. B. Frena (Rezept Seite 42) oder Baslamé (Rezept Seite 21).

♦ Wenn man Rommaneye auf diese Weise kocht, wird das Mus recht dunkel, schmeckt aber sehr gut. Ich mache das Gericht auch gerne mit der Grillmethode (siehe Tomaten-Tarte-Tatin, Seite 67f.), indem ich nur die Linsen weich koche (ggf. gegen Ende der Kochzeit die überschüssige Flüssigkeit durch Verdampfen reduziere) und anschließend das Fruchtfleisch der gegrillten oder gebackenen Aubergine dazugebe. Danach verfahre ich wie in diesem Rezept.

STARTER
KLEINE GERICHTE UND VORSPEISEN

KÜRBISCARPACCIO

Meine erste Begegnung mit dem israelischen Chefkoch Chaim Cohen im Jahr 2007 werde ich niemals vergessen. Er saß in dem vegetarischen Restaurant Deca, das er damals führte, an der Bar, und ich konnte an den Blicken der Gäste sehen, welche Bewunderung sie für ihn hegten. Damals war ich noch Anwalt und wusste nicht, dass ich einmal bei einem Masterchef-Wettbewerb teilnehmen und er mein Hauptjuror und Mentor sein würde. Ihm habe ich viel zu verdanken, auch dieses Kürbiscarpaccio, das ich damals bei ihm aß und das ich aus der Erinnerung nachgekocht habe.

Für 4–6 Personen
- 300–400 g Riesenkürbis ohne Schale oder anderes saftiges Kürbisfleisch
- 2–3 Kugeln Büffelmozzarella à 125 g
- 50 g Kürbiskerne
- 50 g Puderzucker
- Saft von 1–2 Zitronen
- 50 g Sonnenblumenkeimlinge
- natives Olivenöl extra
- Salz und schwarzer Pfeffer aus der Mühle
- Chiliflocken nach Belieben

1 Das Kürbisfruchtfleisch mit einem Profi-Gemüsehobel (Mandoline) in hauchdünne Scheiben schneiden. Den Mozzarella mit den Fingern in Stücke zupfen. Den Backofen auf 160 Grad vorheizen und die Kürbiskerne auf einem Blech leicht rösten. **2** Den Puderzucker in ein Sieb geben und jeweils einen Dessertteller pro Person damit bestäuben. Die Kürbisscheiben fächerförmig darauf auslegen und wiederum mit Puderzucker bestäuben. Pro Teller sollte dies etwa 1 Teelöffel sein. Mit dem Zitronensaft beträufeln und den Kürbis 20–30 Minuten marinieren. **3** Anschließend Olivenöl über den Kürbis träufeln und mit Salz und Pfeffer würzen. Mozzarella, Kürbiskerne und Sonnenblumenkeimlinge auf den Kürbisscheiben verteilen und nach Belieben mit Chiliflocken bestreuen.

OKRA-KIRSCHTOMATEN-SALAT
AUF LABANÉ

Okras heißen in Israel Bamia; man bekommt sie in verschiedenen Größen. Die Okra polarisiert; die einen lieben sie, die anderen hassen sie. Die Schote sondert beim Kochen einen milchigen Schleim ab, den viele nicht mögen. Es gibt aber einen Trick, um zu vermeiden, dass dieser Schleim freigesetzt wird: Man blanchiert die Okra in Essigwasser (und schreckt sie zum Schluss in Eiswasser ab), oder man legt sie zwei Stunden in Zitronenwasser. ◆ Ich persönlich wähle einen ganz anderen Weg: Ich frittiere die Okra oder brate sie in der Pfanne. Auf diese Weise entsteht kein Schleim. Meiner Meinung nach schmeckt die Okra so am besten.

Für 4–6 Personen
- 300 g Okraschoten
- natives Olivenöl (alternativ Frittieröl)
- Salz
- 500 g bunte Kirschtomaten
- 1–2 rote Zwiebeln
- 1 Handvoll fein gehackte Petersilie
- Saft von 1 Zitrone
- schwarzer Pfeffer aus der Mühle

Außerdem
- 500 g Labané (Rezept Seite 21) oder griechischer Joghurt

1 Die Okras unter fließendem kaltem Wasser waschen und den feinen Flaum von der Schale reiben. Den harten Stielansatz entfernen, dabei darauf achten, die Frucht nicht aufzuschneiden. Reichlich Olivenöl in einer hohen Pfanne erhitzen und die Okras braten, bis sie eine leichte Färbung haben. Alternativ Frittieröl auf 170 Grad erhitzen und die Okras goldbraun frittieren. Mit einem Schaumlöffel herausnehmen, auf Küchenpapier abtropfen lassen und salzen.
2 Die Kirschtomaten waschen und den Stielansatz entfernen. Die Tomaten halbieren oder in Viertel schneiden. Die Zwiebeln schälen, halbieren oder vierteln und in feine Streifen schneiden. Tomaten, Zwiebeln und die Petersilie mit Zitronensaft und 2–3 Esslöffeln Olivenöl vermengen sowie mit Salz und Pfeffer würzen. Die Okras erst kurz vor dem Servieren hinzufügen, damit sie knusprig bleiben.
3 Labané auf kleinen Tellern ausstreichen und den Salat darauf anrichten.

GEBRATENER ZIEGENKÄSE AUF ROTE-BETE-CREME

Eine herrlich erfrischende Creme, bei der die Süße und die Säure geradezu grandiose Geschmacksnuancen aus der Roten Bete herausholen, die sonst nicht zum Vorschein treten. Allein die Farbe ist schon ein Hingucker. ♦ *Diese Creme ist vielseitig einsetzbar: als Basis, um etwas anderes darauf zu servieren – wie hier gebratenen Ziegenkäse –, oder als Dip, der mit Sicherheit in Erinnerung bleibt.*

Für 4–6 Personen
- 300 g Rote Beten
- 2–3 EL Aceto balsamico
- 1–2 EL Honig, alternativ Rübensirup oder brauner Zucker
- etwa 120 ml natives Sonnenblumenöl
- Salz und schwarzer Pfeffer aus der Mühle
- 4–6 Scheiben Ziegenrolle, etwa 2 cm dick
- Mehl
- 1 Ei, verquirlt
- Panko oder Paniermehl

Außerdem
- einige Blätter Rucola und/oder kleine Rote-Bete-Blätter

1 Die Roten Beten putzen, waschen und in Salzwasser 50–60 Minuten weich kochen. Anschließend das Wasser abgießen, die Knollen auskühlen lassen und die Schale abziehen. Die Roten Beten in der Küchenmaschine oder im Mixer zu einer glatten Masse pürieren und mit Aceto balsamico und Honig bei laufendem Gerät verrühren. 100 ml Sonnenblumenöl langsam in dünnem Strahl hinzufügen. Mit Salz und Pfeffer würzen. **2** Für die Weiterarbeit nun drei Teller bereitstellen. Einen Teller mit Mehl füllen, den zweiten mit dem verquirlten Ei und den dritten Teller mit Panko. Die Ziegenkäsescheiben anschließend nacheinander im Mehl, im verquirlten Ei und in Panko wenden. Das restliche Sonnenblumenöl in einer Pfanne erhitzen. Nun die Käsescheiben in die Pfanne legen und von jeder Seite 2–4 Minuten goldbraun braten. **3** Rote-Bete-Creme auf dem Teller ausstreichen und darauf eine Scheibe gebratenen Ziegenkäse anrichten. Mit Rucola und/oder Rote-Bete-Blättern dekorieren.

♦ *Rote Bete sollte nur frisch geerntet aus dem Bioanbau zubereitet werden. Schale und Strunk sollten keine Verletzungen aufweisen, damit die Knolle beim Kochen nicht ausblutet.*

♦ *Ganz großartig schmeckt die Rote-Bete-Creme, wenn anstelle des Sonnenblumenöls 120 g Tahini hinzugefügt werden. Probieren Sie es aus! Sie werden begeistert sein.*

HUMMUSSUPPE
MIT SPINAT

Auf Hebräisch heißt Hummus Kichererbsen. Ähnlich wie man aus Linsen eine schmackhafte, cremige Suppe kochen kann, lässt sich aus Kichererbsen eine Suppe herstellen, die herrlich satt und glücklich macht. Das Topping von Spinat und ganzen Kichererbsen verleiht dem Gericht mehr Textur, und so wird es auch optisch zu einem Highlight.

Für 6 Personen
- 1 Zwiebel
- 1 Karotte
- 1 Petersilienwurzel
- 1 Stück Sellerieknolle
- 1–4 Knoblauchzehen
- 3–5 EL natives Olivenöl
- 500 g getrocknete Kichererbsen (über Nacht in reichlich Wasser eingeweicht), alternativ Kichererbsen aus Glas oder Dose, 1 kg (Abtropfgewicht)
- Salz
- 2 l Gemüsebrühe
- schwarzer Pfeffer aus der Mühle
- 200 g frischer junger Blattspinat
- ½ TL Kreuzkümmel, gemahlen

♦ Es empfiehlt sich, eine kleine Menge von dem Kochwasser der Kichererbsen vor dem Pürieren abzugießen und beiseitezustellen, um gegebenenfalls am Schluss die Konsistenz der Suppe korrigieren zu können.

1 Die Zwiebel schälen und fein hacken. Karotte, Petersilienwurzel und Sellerie schälen und in kleine Würfel schneiden. Die Knoblauchzehen schälen und durch die Knoblauchpresse drücken oder fein hacken. **2** Das Olivenöl in einem großen Topf erhitzen und Zwiebeln, Karotten-, Petersilienwurzel- und Selleriewürfel goldbraun braten. Den Knoblauch dazugeben und unter Rühren weitere 1–2 Minuten braten. Die Kichererbsen mit 1 Teelöffel Salz hinzufügen und die Gemüsebrühe angießen. Alles aufkochen und bei kleiner Hitze simmern lassen, bis die Kichererbsen so weich sind, dass sie sich im Mund angenehm anfühlen. Wenn getrocknete Kichererbsen verwendet wurden, kann der Kochvorgang durchaus länger als 2 Stunden dauern, und es kann gut sein, dass Flüssigkeit beim Kochen ergänzt werden muss. **3** Sobald die Kichererbsen gar sind, eine Kelle Kichererbsen mit Flüssigkeit aus dem Topf entnehmen und in einen separaten Topf geben. **4** Die Kichererbsen im großen Topf mit einem Stabmixer glatt oder auch nach Belieben etwas gröber pürieren und mit Salz und Pfeffer würzen. Heiß halten. **5** Nun die Kichererbsen im zweiten Topf aufkochen lassen und den Spinat dazugeben. Mit Salz, Pfeffer und Kreuzkümmel würzen. Unter gelegentlichem vorsichtigem Umrühren nur so lange kochen, bis der Spinat in sich zusammenfällt. **6** Die Suppe in tiefe Teller füllen und von dem Spinat und den Kichererbsen jeweils 1 Esslöffel voll auf die Suppe geben. Heiß servieren.

WER IN SEINER LINSENSUPPE GERNE EIN WENIG ESSIG MAG, KANN AUCH HIER EINEN SPRITZER DAZUGEBEN.

CHICORÉE AUS DEM OFEN
IM EIGENEN SÜSSEN SUD

Chicorée kenne ich seit meiner Kindheit. Meine Mutter pflegte ihn regelmäßig zuzubereiten, zumeist im Ofen, aber mit Käse überbacken. Chicorée zu essen, ist in Israel erst in den letzten etwa zehn Jahren Mode geworden. Es ist hier ein leider recht teures Gemüse. Verzehrmengen von vier bis acht Kilogramm pro Person im Jahr, wie man sie von Frankreich und Belgien kennt, werden in Israel bei Weitem nicht erreicht. Hier sind es eher Foodies, die Chicorée, der hier seltsamerweise »Endiv« heißt (während es keinen Endiviensalat gibt), auf ihrem Speiseplan haben. ◆ *Das Besondere an diesem Rezept ist, dass der Chicorée durch den braunen Zucker seine bitteren Geschmacksstoffe nahezu ganz verliert und seine übrigen raffinierten Aromen besonders schön zur Geltung kommen.*

Für 4–6 Personen
- 4–12 Chicoréekolben (1–2 Stück pro Person)
- natives Olivenöl
- 1–3 TL brauner Zucker
- Salz und schwarzer Pfeffer aus der Mühle

Außerdem nach Belieben
- frisch geriebener oder gehobelter Parmesan
- fein gehackte Petersilie

1 Den Backofen auf 180 Grad vorheizen. **2** Die Chicoréekolben putzen, waschen und längs halbieren. Eine Auflaufform großzügig mit Olivenöl ausstreichen. Mit braunem Zucker bestreuen und mit Salz und Pfeffer würzen. Den Chicorée mit der Schnittseite nach unten in die Auflaufform legen. 1–3 Esslöffel Wasser zugießen. Die Auflaufform mit Alufolie verschließen. **3** Das Gemüse im heißen Ofen 15–20 Minuten bissfest backen. Die Alufolie abnehmen und den Chicorée noch so lange im Backofen lassen, bis sich der Sud etwas reduziert hat. **4** Den Chicorée mit der Schnittseite nach oben auf den Teller legen, mit dem Sud beträufeln und nach Belieben mit Parmesan und Petersilie bestreuen.

DIESE FÜLLUNG IST ZU GUT, UM SIE NUR IN EINER TARTE ZU VERSTECKEN. VERWENDEN SIE SIE ALS BROTAUFSTRICH ODER ALS DIP. AM BESTEN BEREITEN SIE GLEICH DIE DOPPELTE PORTION ZU, DAMIT AUF JEDEN FALL ETWAS ÜBRIG BLEIBT.

TOMATEN-TARTE-TATIN

Die Tarte Tatin ist ja eigentlich ein kopfüber, besser gesagt ein verkehrt herum gebackener Apfelkuchen französischer Provenienz. Für dieses Rezept wurde die Idee des Backens und anschließenden Stürzens übernommen. Doch das Ergebnis ist kein Dessertkuchen, sondern eine feine Vorspeise. Statt knackiger Äpfel krönen Tomatenfilets die Tarte, die mit Auberginencreme gefüllt ist. ◆ In dieses Gericht habe ich mich im Restaurant von Starkoch Charlie Fadida in Tel Aviv verliebt. Seit ich es vor vielen Jahren dort zum ersten Mal gegessen habe, habe ich es nicht vergessen. In diesem Buch findet es zu Recht einen Ehrenplatz.

Für 6 Personen
(für 6 kleine Tarteförmchen à 10–11 cm Durchmesser oder 1 Tarteform mit 24 cm Durchmesser)

- 2 Knoblauchzehen
- 2 Auberginen
- 200 g Frischkäse
- Salz und schwarzer Pfeffer aus der Mühle
- 8–9 mittelgroße reife Tomaten
- 6 Scheiben Blätterteig im Durchmesser der Tarteförmchen (alternativ 1 Scheibe Blätterteig von 24 cm Durchmesser)
- einige Basilikumblätter, in Streifen geschnitten und/oder etwas Brunnenkresse

1 Den Backofen auf maximale Temperatur (220–240 Grad) vorheizen. **2** Die Knoblauchzehen schälen und mit dem Rücken eines Messers zerdrücken oder durch die Knoblauchpresse drücken. Die Auberginen waschen, trocken reiben und auf der obersten Schiene im heißen Ofen so lange von allen Seiten backen, bis die Haut der Auberginen rundum verbrannt und das Fruchtfleisch butterweich ist. Danach die Früchte aus dem Ofen nehmen und auskühlen lassen. **3** Anschließend das Fruchtfleisch mit einem Löffel herauskratzen, auf einem Schneidebrett mit einem Messer leicht zerhacken und mit dem Frischkäse und dem Knoblauch vermengen. Mit Salz und Pfeffer würzen. **4** Die Tomaten häuten. Dazu die Früchte von ihrem Stielansatz befreien, an ihrer Unterseite kreuzförmig einritzen und für 30 Sekunden in einen Topf mit kochend heißem Wasser geben. Anschließend herausnehmen, kurz in kaltes Wasser geben und die Haut abziehen. Die Tomaten in Viertel schneiden und die Kerngehäuse mit einem scharfen Messer entfernen. **5** Den Backofen auf 180 Grad vorheizen. ➡

◆ Es gibt zwei Möglichkeiten, Tomaten zu häuten, entweder wie im Rezept beschrieben oder die Tomaten auf einer feuerfesten Oberfläche mit einem kleinen Bunsenbrenner so lange abflämmen, bis die Haut schwarz wird und beginnt, sich zu lösen. Die Haut dann unter fließendem kaltem Wasser abziehen.

STARTER KLEINE GERICHTE UND VORSPEISEN

TOMATEN-TARTE-TATIN

♦ *Am besten schmecken Auberginen, wenn man sie über einer Flamme oder einem Grill röstet, bis die Haut der Früchte von allen Seiten nahezu verbrannt und das Fruchtfleisch butterweich ist. Wer einen Gasherd hat, kann die Früchte einfach direkt auf die Flamme legen und sie dort unter mehrfachem Wenden garen. Wer im Sommer gerne grillt, kann die Auberginen ganz nah über dem Feuer grillen, denn in diesem Fall soll ja – entgegen Gewohnheit und gesundheitlichem Ratschlag – die Haut der Auberginen richtig verkohlen. Dem Fruchtfleisch passiert in diesem Fall nichts, es nimmt jedoch das rauchige Aroma an, welches ein Gericht mit Auberginen zu einer Delikatesse macht.*

6 Wenn Sie sich für kleine Tartes entschieden haben, fünf bis sechs Tomatenfilets jeweils fächerförmig in die Förmchen einlegen. 1–2 Esslöffel von der Auberginenfüllung auf dem Tomatenfächer verteilen und jedes Förmchen mit der Blätterteigscheibe verschließen. Die Minitartes 20–25 Minuten im heißen Ofen goldbraun backen. Herausnehmen und 10 Minuten ruhen lassen. Jeweils einen kleinen Teller umgedreht auf ein Förmchen legen und in einer schnellen Drehung stürzen. Das Förmchen langsam nach oben abnehmen.
7 Alternativ alle Tomatenfilets in einer großen Tarteform spiralförmig einschichten und die Auberginenfüllung darauf verteilen. Die Form mit dem Blätterteig verschließen und die »Tarte Tatin« 25–30 Minuten im heißen Ofen backen. Herausnehmen und 10 Minuten ruhen lassen. Einen großen Teller umgedreht auf die Form halten und in einer schnellen Drehung stürzen. Die Form langsam nach oben abnehmen. **8** Die Minitartes auf die Teller verteilen. Die große Tarte in Sechstel oder Achtel schneiden und die Stücke auf die Teller geben. Mit Basilikum und/oder Brunnenkresse bestreuen.

CHARLIE FADIDA IST EINER DER SPITZENKÖCHE ISRAELS, DER SEIN WISSEN SCHON ALS KIND VON SEINEM VATER ELI UND GROSSVATER SHALOM, DIE BEIDE HERVORRAGENDE KÖCHE IN MAROKKO UND IN ISRAEL WAREN, ERWARB. FADIDA KOMBINIERT GEKONNT TECHNIKEN DER HAUTE CUISINE MIT DER MAGHREBINISCHEN UND LEVANTINISCHEN KÜCHE UND HAT EINE EIGENE TV-KOCHSENDUNG.

BLUMENKOHL
IN DREI TEXTUREN

Wenn es in meinem elterlichen Haus in der Nähe von Köln Blumenkohl gab, dann war er gedünstet und wurde mit brauner Butter oder mit Béchamelsauce übergossen gegessen. Ich mochte das immer sehr gerne, und ich dachte, man könne Blumenkohl gar nicht anders zubereiten. Mittlerweile gibt es bei uns in Tel Aviv Blumenkohl in ganz anderer Form (siehe auch das Rezept für »Im Ganzen gebackener Blumenkohl« auf Seite 32). In diesem Gericht kommt Blumenkohl in dreifacher Textur zur vollen Entfaltung: als vollmundige Cremesuppe, als Röschen gebraten und als roh geraspelter »Schnee«.

Für 4–6 Personen
- 1 großer Blumenkohl
- 1 kleine Zwiebel
- 1 kleines Stück Sellerieknolle, Pastinake oder Petersilienwurzel
- 1 mehligkochende Kartoffel
- natives Olivenöl
- Salz
- etwa 500 ml Gemüsebrühe, alternativ Wasser
- 100 g Sahne (Rahm)
- 50 g kalte Butter, klein gewürfelt
- weißer Pfeffer aus der Mühle

◆ *Durch das Montieren kalter Butter in die Suppe wird diese cremiger, luftiger und leichter. Beim Montieren emulgiert das Butterfett mit der Flüssigkeit der Suppe. Wichtig ist, dass die Suppe dabei nicht mehr kocht.*

1 Den Blumenkohl putzen und waschen. 2 Handvoll kleine Röschen mit einem Messer auslösen und 1 Handvoll auf einer Gemüsereibe zerkleinern. Den restlichen Blumenkohl in grobe Stücke schneiden. Die Zwiebel schälen und fein hacken. Den Sellerie und die Kartoffel schälen und in kleine Würfel schneiden. **2** 1–2 Esslöffel Olivenöl in einem großen Topf erhitzen und die Zwiebeln und den Sellerie mit etwas Salz weich dünsten, ohne dass sie Farbe nehmen. Die groben Stücke Blumenkohl und die Kartoffeln dazugeben. So viel Gemüsebrühe angießen, dass der Topfboden etwa 2 cm hoch bedeckt ist. Bei geschlossenem Deckel 20–25 Minuten kochen, bis der Blumenkohl sehr weich ist. Den Blumenkohl mit dem Stabmixer im Topf sehr glatt pürieren. Die Sahne hinzufügen und die kalte Butter mit dem Pürierstab in die Creme einarbeiten, bis die Butterstücke vollends aufgenommen sind. Mit Salz und weißem Pfeffer abschmecken. **3** Während der Blumenkohl kocht, den Backofen auf 180 Grad vorheizen, die kleinen Röschen in Olivenöl schwenken und etwas salzen. In einer mit Backpapier ausgelegten kleinen Auflaufform im heißen Ofen 10–15 Minuten unter mehrmaligem Wenden goldbraun backen. **4** Die Blumenkohlcreme in tiefe Teller gießen, einige gebackene Röschen darauf verteilen und den »Schnee« darüberstreuen.

KALTE JOGHURTSUPPE MIT ROSINEN, NÜSSEN UND ROSENBLÄTTERN

Die Grundlage für dieses herrlich erfrischende Gericht erinnert an Zaziki. Aber diese Creme ist raffinierter und feiner, ihre Zutaten sind reicher und spielen auf einer viel breiteren Geschmackspalette als ihr berühmter Verwandter aus Griechenland. Sie schickt uns auf eine geschmackliche Reise nach Persien.

Für 4–6 Personen
- 100 g helle Rosinen
- 3 kleine Gurken (alternativ ½ Salatgurke)
- 100 g Walnüsse
- 500 g Naturjoghurt (mindestens 3,7 %)
- Salz und schwarzer Pfeffer aus der Mühle
- 2 EL fein gehackter Dill
- 1 EL fein gehackte Nanaminzeblätter
- 1 EL in Röllchen geschnittener Schnittlauch

Außerdem
- Sumak
- einige frische Rosenblätter, nach dem Pflücken in Eiswasser frisch gehalten oder einige getrocknete Rosenblätter, 20 Minuten in Wasser eingeweicht

1 Den Backofen auf 160 Grad vorheizen. **2** Die Rosinen mindestens 1 Stunde in kaltem Wasser einweichen. Die Gurken waschen und den Stielansatz entfernen, anschließend längs halbieren und mit einem Teelöffel entkernen. Das Fruchtfleisch auf einer Gemüsereibe mittelfein reiben. Die Walnüsse im heißen Ofen rösten und anschließend hacken. **3** Den Joghurt in einer Schüssel mit kaltem Wasser verrühren. So viel Wasser dazugeben (200–400 ml), bis die gewünschte Konsistenz erreicht ist. Die Suppe sollte cremig, keinesfalls zu flüssig sein. Mit Salz und Pfeffer abschmecken. Rosinen, Gurken, Dill, Nanaminze und Schnittlauch hinzufügen und die Suppe mindestens 30 Minuten im Kühlschrank ziehen lassen. **4** Vor dem Servieren die Walnüsse in die Suppe einrühren und diese anschließend auf die Teller verteilen. Mit Sumak und klein gezupften Rosenblättern dekorieren.

♦ *Wer keine Rosenblätter mag oder solche nicht zur Verfügung hat, kann die Suppe auch ohne diese zubereiten, jedoch geben ihr die Rosenblätter das gewisse Etwas. Wichtig dabei ist aber, dass die Rosen nicht gespritzt wurden.*

KARTOFFEL-KNOBLAUCH-CREMESUPPE MIT KNOFIT

Diese fantastisch schmeckende Suppe, in die ich mich, um in einem Bild zu sprechen, förmlich hineinsetzen möchte, ist meine Huldigung an den Knoblauch. Trotz der Menge, die hierfür verwendet wird, schmeckt die Suppe geradezu mild und der Knoblauch hinterlässt keine nennenswerten Geruchsspuren. Das Wort Knofit ist zusammengesetzt aus Knoblauch und Confit; denn der spielt hier die Hauptrolle: konfierter Knoblauch.

Für 4–6 Personen
Für die Suppe
- 1½ kg mehligkochende Kartoffeln
- 1 Knoblauchknolle
- Salz
- 200 g Sahne (Rahm)
- 100 g Butter
- weißer Pfeffer aus der Mühle

Für das Knofit
- mindestens 1 Knoblauchknolle
- natives Olivenöl
- 1–2 Thymianzweige
- Salz

Außerdem
- Blättchen von 1–2 Thymianzweigen

◆ *Konfierter Knoblauch hält sich in einem Vorratsglas im Kühlschrank einige Wochen und sollte eigentlich immer vorrätig sein. Er kann andere Gerichte ergänzen oder einfach mit etwas Salz auf Brot gegessen werden. Besonders gut schmeckt Knofit, wenn er kurz angebraten auf ein Gericht als i-Tüpfelchen obenauf gelegt wird.*

1 Für die Suppe die Kartoffeln schälen und in große Stücke schneiden. Von der Knoblauchknolle die Zehen auslösen, diese schälen und grob hacken oder mit dem Rücken eines Messers zerdrücken. Kartoffeln und Knoblauch in Salzwasser (1 TL Salz pro Liter Wasser) sehr weich kochen. Das Wasser abgießen, jedoch auffangen. Kartoffeln, Knoblauch, Sahne und Butter mit dem Stabmixer zu einer glatten Masse pürieren und so viel von dem Kochwasser zufügen, bis die gewünschte Konsistenz erreicht ist. Mit Salz und weißem Pfeffer abschmecken. **2 Für das Knofit** die Zehen aus der Knoblauchknolle auslösen und schälen. Den Knoblauch in einem kleinen Topf mit Olivenöl bedecken und die Thymianzweige sowie etwas Salz dazugeben. Den Topf auf die Herdplatte stellen und den Knoblauch bei kleiner Hitze weich garen, dabei darauf achten, dass das Olivenöl nicht zu sprudeln beginnt. Daher immer wieder den Topf von der Platte nehmen und das Öl immer wieder abkühlen lassen. Der Knoblauch soll dabei möglichst wenig Farbe annehmen und seine Form behalten. Machen Sie mit einem kleinen Messer eine Probe und prüfen Sie, ob er weich ist. **3** Die Knoblauchcreme in einen tiefen Teller geben und mit einigen Knofits sowie Thymianblättchen bestreuen.

KOHLSTEAK MIT TOMATENSALAT UND TAHINI-SAUCE

Hier wird ein einfaches und preislich günstiges Gemüse in ein Hauptgericht verwandelt, das durch die Röstaromen nicht nur großartig schmeckt, sondern den Teller auch optisch beherrscht – eben wie ein Steak. Der israelische Foodblogger Oz Telem hat dieses Gericht vor kurzem über das Netz verbreitet und dafür viel Aufmerksamkeit erhalten.

Für 4–6 Personen
Für das Kohlsteak
- 1 Kopf Weißkohl
- natives Olivenöl
- Salz und schwarzer Pfeffer aus der Mühle

Für den Tomatensalat
- 4–6 reife Tomaten
- 1 Handvoll Petersilienblätter
- Saft von 1 Zitrone
- 2–3 EL natives Olivenöl extra
- Salz und schwarzer Pfeffer aus der Mühle
- Tahini-Sauce (Rezept Seite 32)

1 Den Backofen auf 180 Grad vorheizen. **2 Für das Kohlsteak** den Kohlkopf putzen und in etwa 2 cm dicke Scheiben schneiden. Ein Backblech mit Backpapier auslegen. Die Kohlscheiben darauflegen und großzügig mit Olivenöl einpinseln. Mit Salz bestreuen und mit Pfeffer übermahlen. Den Kohl im heißen Ofen 15–20 Minuten backen, bis er beginnt, an den Außenseiten dunkelbraun zu werden. Er ist innen dann noch bissfest. **3 Für den Tomatensalat** die Tomaten in 1 cm große Würfel schneiden. Die Petersilienblätter waschen, trocken schleudern oder tupfen und grob hacken. Den Zitronensaft mit Salz und Pfeffer verrühren und das Olivenöl hinzufügen. Tomatenwürfel und die grob gehackte Petersilie mit der Vinaigrette in einer Schüssel vermischen. **4 Die Tahini-Sauce** nach dem Rezept auf Seite 32 zubereiten. **5** Pro Person eine Scheibe Kohl mit Tomatensalat und Tahini-Sauce auf dem Teller anrichten.

ROTER RISOTTO MIT ROTER BETE UND GRÜNEM SPARGEL

In Israel isst man gerne Risotto, ob aus Reis, Ptitim oder Graupen. Risotto ist ja ursprünglich eine italienische Spezialität, aber mittlerweile haben alle israelischen Köche ihre persönliche Kreation entwickelt. In den beliebtesten Variationen, die ich kennengelernt habe, spielen Pilze oder Rote Beten die Hauptrolle. Mir gefällt besonders die Rote Bete im Risotto, besonders wegen ihres süßlich-erdigen Aromas und der tollen Farbe. Der grüne Spargel bildet dazu einen hervorragenden Kontrast.

Für 4–6 Personen
- 1–2 Zwiebeln
- 2–3 Rote Beten
- Salz
- 3–4 EL natives Olivenöl
- etwa 180 ml Weißwein
- 400–600 g Risottoreis (vorzugsweise Arborio)
- 6–10 Stangen grüner Spargel
- etwa 1 l heiße Gemüsebrühe
- 50 g Butter
- 100 g Parmesan am Stück

◆ *Die Roten Beten erst kurz vor dem Servieren an den Risotto geben, da sonst ihre leuchtende Farbe an Intensität verliert.*

1 Die Zwiebeln schälen und fein hacken. Die Roten Beten mit der Schale in Salzwasser (1 TL Salz pro Liter Wasser) bissfest kochen. Das Olivenöl mit etwas Salz in einem Topf erhitzen und die Zwiebeln glasig dünsten. Den Wein hinzufügen und bei kleiner Hitze unter Rühren einkochen lassen. Den Reis unter Rühren dazugeben. Etwa ein Drittel von der heißen Gemüsebrühe angießen und so lange rühren, bis der Reis die Flüssigkeit fast vollständig aufgenommen hat. So weiter verfahren bzw. immer wieder eine Kelle Brühe angießen und unter Rühren die Flüssigkeit vom Reis aufnehmen lassen, bis er weich ist, aber noch Biss hat. **2** In der Zwischenzeit für den grünen Spargel reichlich Salzwasser in einem Topf zum Kochen bringen. Eine Schüssel mit Eiswasser bereitstellen. Vom Spargel die zumeist holzigen Enden abschneiden und den Spargel im unteren Drittel schälen, anschließend halbieren und im Salzwasser 2–3 Minuten blanchieren. Mit einem Schaumlöffel aus dem Wasser nehmen und im Eiswasser den Garprozess stoppen. Aus dem Wasser nehmen und beiseitestellen. Warm halten. **3** Die Roten Beten schälen und in ½–1 cm große Würfel schneiden. Wenn der Reis gar ist, die Butter unterrühren und die Rote-Bete-Würfel einrühren. 2 Minuten ruhen lassen. **4** Den Risotto auf tiefe Teller oder Schalen verteilen. Auf jede Portion einige Spargelstangen legen und Parmesan darüberreiben oder -hobeln.

SALATE
REZEPTE ZUM SATTESSEN

WURZEL- UND SPROSSENSALAT
MIT GEBRATENEM HALLOUMI

Wurzelsalat ist in Tel Aviv zu einem Modegericht avanciert, das heute in jedem besseren Café angeboten wird. Es ergänzt die Karte um einen schmackhaften und nahrhaften Snack, den sich nicht jeder zu Hause machen würde. Es gibt ihn in verschiedenen Variationen. ◆ *Das Schnippeln der Wurzeln macht einige Arbeit, die sich aber auch nicht vermeiden lässt, da erst die feinen Streifen den Verzehr angenehm machen.*

Für 4–6 Personen
Für den Salat
- 1 Kohlrabi
- 1 Rote Bete
- 2 dicke Karotten
- 2 Zucchini
- 1 rote Zwiebel
- Saft von 1 Zitrone
- 3–5 EL natives Olivenöl extra
- Salz und schwarzer Pfeffer aus der Mühle
- 150 g Sprossen/Keimlinge von Hülsenfrüchten

Außerdem
- 200–300 g Halloumi
- 2–3 EL natives Olivenöl

1 Kohlrabi, Rote Bete, Karotten und die Zucchini entsprechend putzen, schälen und/oder waschen. Anschließend das Gemüse vorzugsweise mit einem Profi-Gemüsehobel (Mandoline) in etwa 2–3 mm dicke Scheiben schneiden. Die Gemüsescheiben auf einem Schneidebrett in möglichst feine Streifen schneiden. (Man kann mehrere Scheiben übereinanderlegen, um die Arbeit effektiver zu machen.) Die Zwiebel schälen, halbieren und in feine Streifen schneiden. **2** Die Zutaten **für den Salat** vermischen. Aus dem Zitronensaft, Olivenöl, Salz und Pfeffer eine Vinaigrette herstellen und mit den Gemüsestreifen, den Zwiebeln und den Samen vermengen. **3** Den Halloumi in etwa ½ cm dicke Scheiben schneiden. Das Olivenöl in einer Pfanne erhitzen und die Käsescheiben von jeder Seite 1–2 Minuten goldbraun braten. **4** Den Salat auf die Teller verteilen und den gebratenen Halloumi möglichst noch heiß darauflegen.

◆ *Auch wenn es Geräte mit Julienne-Funktion gibt, so empfehle ich doch, nur die Vorarbeit, nämlich das Schneiden des Gemüses in Scheiben, mit einem Profi-Gemüsehobel (Mandoline) zu erledigen und die feinen Streifen dann von Hand zu schneiden. Um feine Streifen von Wurzeln auf der Mandoline zu schneiden, muss man viel Kraft aufwenden, weshalb das ohnehin gefährliche Arbeiten mit diesem Gerät zusätzliche Aufmerksamkeit erfordert.*

SALAT MIT **MANGOLD**, **KICHERERBSEN** UND **COUSCOUS**

1999/2000 habe ich ein Jahr in Sevilla in Spanien studiert und dort viele leckere Gerichte kennengelernt. Viele davon habe ich kurz danach nicht mehr essen können, weil sie nicht koscher herzustellen sind. Eines meiner Lieblingsgerichte war Garbanzos con espinacas, Kichererbsen und Spinat, mit Kreuzkümmel gewürzt. Dieses Gericht lässt sich zum Glück auch koscher machen. Aus der originären Geschmackskomposition von Garbanzos con espinacas habe ich mittlerweile auch andere Gerichte kreiert, beispielsweise die Hummussuppe (siehe Seite 62) und auch diesen schönen Salat, indem ich den Spinat durch Mangold ersetzt habe.

Für 4–6 Personen
- 250 g Couscous
- 2 Dosen Kichererbsen à 400 g
- 4–5 Mangoldstiele
- 2–4 Knoblauchzehen
- Saft von 1 Zitrone
- natives Olivenöl
- 1 TL Kreuzkümmel, gemahlen
- ¼ TL Rosenpaprikapulver
- 1 TL brauner Zucker
- Salz und schwarzer Pfeffer aus der Mühle

1 Den Couscous nach Packungsanleitung zubereiten und die Kichererbsen abgießen, sorgfältig abspülen und abtropfen lassen. Den Mangold putzen, waschen und die Blätter in feine Streifen schneiden. Die Knoblauchzehen schälen und durch die Knoblauchpresse drücken oder fein hacken. **2** Den Couscous und die Kichererbsen in einer großen Salatschüssel vermischen. Zitronensaft und etwas Olivenöl dazugeben und mit Kreuzkümmel, Paprikapulver, braunem Zucker sowie Salz und Pfeffer würzen. **3** Reichlich Olivenöl in einer Pfanne erhitzen und den Knoblauch glasig andünsten. Den Mangold dazugeben, ein wenig salzen und unter Wenden leicht anbraten, dabei darauf achten, dass die grünen Teile des Mangolds nicht ihre Form verlieren. **4** Den Mangold zum Couscous und den Kichererbsen geben, behutsam vermengen und nach Belieben mit den Gewürzen abschmecken.

WER MÖCHTE, KANN ÜBER DEN SALAT IN STÜCKE GEZUPFTEN MOZZARELLA ODER GEBRÖCKELTEN FETA STREUEN.

ISRAELISCHER COUSCOUS
LEICHTER SOMMERSALAT

Israelischer Couscous sind Ptitim, eine israelische, leicht geröstete Nudelart in Reis- oder Kugelform, die in fast jeder Familie als Beilage zu allen möglichen Gerichten gegessen wird. Besonders Kinder lieben Ptitim. ♦ In diesem Rezept wird der israelische Couscous zur Basis eines leichten Sommersalats, der durchaus auch satt machen kann. Als Salatsauce bereite ich hierzu gerne eine Obstvinaigrette, in der, wie der Name sagt, ein Stück reifes Obst verarbeitet wird. Ich nehme dazu am liebsten Aprikose, Pfirsich oder Nektarine, und da es diese Früchte nicht das ganze Jahr über gibt, entscheide ich mich für den Rest des Jahres auch gerne für Aprikosenmarmelade. Diese Vinaigrette passt übrigens auch gut zu anderen Salaten.

Für 4–6 Personen
Für den Salat
- ½ Kopfsalat
- 1 Handvoll junge Rucolablätter
- 500 g Ptitim oder Kritharaki/Orzo, nach Packungsanleitung zubereitet
- 200 g grüne und blaue Weintrauben, längs halbiert, und/oder 2–4 Stücke anderes reifes Obst (z. B. Nektarinen, Pfirsiche, Aprikosen, Birnen, Feigen, Mangos), in feine Scheiben geschnitten

Für die Vinaigrette
- ½ Stück reifes Obst, vorzugsweise Aprikose, Nektarine oder Pfirsich
- Saft von 1 Zitrone
- 50 ml mildes natives Olivenöl
- einige Basilikum- und/oder Nanaminzeblätter
- Salz und schwarzer Pfeffer aus der Mühle

1 Für den Salat den Kopfsalat und den Rucola putzen, waschen und trocken schleudern. Die Blätter klein zupfen. Sämtliche genannten Zutaten in einer Salatschüssel vermischen. **2 Für die Vinaigrette** Obst, Zitronensaft, Olivenöl und die Basilikum- und/oder Nanaminzeblätter mit dem Stabmixer in einem Becher pürieren und mit Salz und Pfeffer abschmecken. Erst kurz vor dem Anrichten die Obstvinaigrette über den Salat gießen.

♦ Kritharaki aus Griechenland oder Orzo aus Italien sind mit den israelischen Ptitim zwar verwandt, schmecken aber anders, weil sie nicht, wie die Ptitim, geröstet sind. Wer dem Geschmack der Ptitim näherkommen will, kann Kritharaki/Orzo im Backofen bei 180 Grad einige Minuten unter regelmäßigem Wenden goldgelb rösten.

WASSERMELONENSALAT

Einen Salat, der mehr Erfrischung als dieser spendet, kann ich mir gar nicht vorstellen. Und auch kaum eine Kombination, die besser schmeckt. Wassermelone und Feta – zwei, die einfach gut zusammenpassen. Wassermelonen gehören zum Mittelmeersommer wie Sonne und blauer Himmel. Auch in Israel liebt man die basketballgroßen grünen Kugeln und labt sich gerne an deren saftig rotem Fruchtfleisch. Eiskalt serviert, sind sie der Frischekick schlechthin.

Für 4–6 Personen

Für den Salat
- 1 kg Wassermelone
- 2 kleine Gurken oder ½ Salatgurke
- 1 kleine rote Zwiebel
- 100 g junger Rucola

Für die Vinaigrette
- 1 Handvoll Nanaminzeblätter
- Saft von 1 Zitrone
- 1 TL brauner Zucker
- 2–3 EL natives Olivenöl extra
- Salz und schwarzer Pfeffer aus der Mühle

Außerdem
- 200–300 g Schafs- oder Ziegenfeta
- 100 g schwarze, milde Oliven, vorzugsweise entkernt

1 Für den Salat das Melonenfruchtfleisch in Würfel schneiden. Die Gurken waschen, den Stielansatz entfernen, entkernen und in Würfel schneiden. Die Zwiebel schälen, halbieren und in feine Streifen schneiden. Den Rucola verlesen, waschen und trocken schleudern. **2 Für die Vinaigrette** die Nanaminzeblätter fein hacken und mit den restlichen genannten Zutaten verrühren. **3** Melonen- und Gurkenwürfel, Zwiebelstreifen, Rucola, Feta und die Oliven vorsichtig (die Melonen- und Fetawürfel sollten ganz bleiben!) vermischen. Kurz vor dem Anrichten mit der Vinaigrette vermengen und nochmals mit Salz und Pfeffer abschmecken.

ZU DIESEM MELONEN-FETA-SALAT PASST AUCH PERFEKT EINE OBSTVINAIGRETTE (REZEPT SEITE 87).

KARTOFFELSALAT
MIT TAHINI-SAUCE

Im Haus meiner Eltern gab es oft Kartoffelsalat, und wir alle aßen ihn gerne. Besonders an Heiligabend durfte er nicht fehlen. Meine Mutter verwendete immer die guten Kartoffeln von unserem Bauern, fügte fein gehackte rohe Zwiebeln hinzu und selbst gemachte Mayonnaise. Nie habe ich Kartoffelsalat bislang anders zubereitet, weil er mir so am besten schmeckte. Aber als ich irgendwann wieder einmal über neue Verwendungsmöglichkeiten von Tahini nachdachte, kam mir die Idee, Kartoffelsalat doch mal mit Tahini-Sauce zu machen. Schließlich isst mein fünfjähriger Sohn David Tahini-Sauce auch zu Bratkartoffeln (und übrigens auch zu Fritten, Schnitzel oder Pasta). Das Ergebnis war so gut, dass seitdem Kartoffelsalat mit Tahini-Sauce oft auf den Tisch kommt. Und die ganze Familie ist begeistert. Auch damit zeigt sich wieder einmal, dass Tahini-Sauce die Mayonnaise des Mittleren Ostens ist.

Für 4–5 Personen
- 1¼ kg festkochende Kartoffeln
- 2–3 Frühlingszwiebeln
- 3–5 Radieschen
- Salz und schwarzer Pfeffer aus der Mühle
- Essig nach Belieben
- Tahini-Sauce (Rezept Seite 32)

Außerdem
- hart gekochte Eier
- Frühlingszwiebeln, in feine Ringe geschnitten

1 Die Kartoffeln waschen und in Salzwasser (1 TL Salz pro Liter Wasser) weich kochen, vollständig auskühlen lassen, pellen und in mundgerechte Würfel schneiden. Die Frühlingszwiebeln putzen, waschen und in feine Ringe schneiden. Die Radieschen putzen, waschen und in feine Scheiben schneiden. **2** Die Tahini-Sauce nach dem Rezept auf Seite 32 herstellen. Sämtliche Zutaten in einer Servierschüssel mit der Tahini-Sauce vermischen und gegebenenfalls etwas Wasser oder einen Schuss Essig zugeben für den Fall, dass der Salat zu kompakt ist oder noch ein wenig Würze braucht. Mit Salz und Pfeffer abschmecken und mit einem oder mehreren gekochten Eiern und Frühlingszwiebelringen dekorieren.

ISRAELISCHER SALAT UND FALAFELN MIT SUMAKZWIEBELN

Israelischer Salat ist ein Klassiker des israelischen Frühstücks sowie jeglicher Salatvariationen. Er schmeckt gut und passt zu allem. Er stammt aus den Kibbuzim, und sein Merkmal ist die Größe der einzelnen Teile. Mit anderen Worten: Die Zutaten sind, jede für sich, sehr klein geschnitten. In der Regel sind das Tomaten und Gurken, Zitronensaft und Olivenöl, Salz und Pfeffer. Rote Zwiebeln und Pinienkerne sind kein Muss, sie geben dem Salat aber das gewisse Etwas. ♦ *Ein weiteres Aushängeschild des israelischen Fast Food sind die Falafeln, frittierte Bällchen aus Kichererbsen. Es gibt in Israel keine Stadt und kaum einen belebten Straßenzug ohne eine Falafel-Bude. Die besten sind in der Regel die, an denen die Menschen zu den Stoßzeiten in langen Schlangen anstehen und andere daneben schon eine Falafel in einer aufgeschnittenen Pita mit viel Salat und verschiedenen Saucen im Stehen – leicht nach vorne gebeugt, um sich nicht zu bekleckern – genießen.*

Für 4–6 Personen
Für die Falafeln
- 500 g getrocknete Kichererbsen
- 1 Zwiebel
- 1 Bund glatte Petersilie
- 1 Bund Koriander
- 1 TL Kreuzkümmel, gemahlen
- ½ TL Koriandersamen, gemahlen
- 1 TL Natron
- etwa 1 TL Salz
- Frittieröl

1 **Für die Falafeln** die Kichererbsen über Nacht in kaltem Wasser einweichen. Am nächsten Tag die Zwiebel schälen und in Viertel schneiden. Die Petersilie und den Koriander waschen und trocken schütteln. Die Petersilienblätter von den Stängeln zupfen und grob hacken. Den Koriander mit den dünneren Stängeln ebenfalls grob hacken. **2** Die Kichererbsen und die Kräuter durch den Fleischwolf drehen. Den Kichererbsenbrei mit den genannten Gewürzen vermengen und nochmals durch den Fleischwolf drehen. Zum Schluss nochmals mit Salz abschmecken. Den Brei etwa 30 Minuten im Kühlschrank ziehen lassen. Anschließend aus dieser Masse abgeflachte kleine Bällchen à 15–20 g formen. **3** Reichlich Frittieröl in einem Topf auf 180 Grad erhitzen und die Bällchen goldbraun frittieren. Mit einem Schaumlöffel herausnehmen und auf Küchenpapier abtropfen lassen. ➡

♦ *Wenn die Kichererbsenmasse zu klebrig ist, teelöffelweise etwas gesiebtes Mehl in die Masse einarbeiten, bis sie sich gut formen lässt und die Bällchen zusammenhalten.*

SALATE REZEPTE ZUM SATTESSEN

ISRAELISCHER SALAT UND FALAFELN MIT SUMAKZWIEBELN

Für den israelischen Salat
- 4–6 reife, feste Tomaten
- 2–3 kleine Gurken oder ½ Salatgurke
- ½–1 rote Zwiebel
- 50 g Pinienkerne
- 1 Handvoll glatte Petersilienblätter
- Saft von 1 Zitrone
- natives Olivenöl
- Salz und schwarzer Pfeffer aus der Mühle

Für die Sumakzwiebeln
- 1–2 rote Zwiebeln
- Saft von ½ Zitrone
- ½ TL Sumak
- Salz

Außerdem
- Labané (Rezept Seite 21)
- 1 kleine Handvoll fein gehackte Nanaminzeblätter

4 **Für den israelischen Salat** von den Tomaten den Stielansatz entfernen, die Früchte waschen und entkernen (das Tomateninnere findet Verwendung in den Rezepten für Sinía, Seite 116, oder Baslamé, Seite 21). Das Fruchtfleisch in Würfel schneiden. Von den Gurken den Stielansatz ebenfalls entfernen, die Früchte längs halbieren, entkernen und in möglichst kleine Würfel schneiden. Die Zwiebel schälen und sehr fein hacken. Die Pinienkerne in einer Pfanne ohne Fett goldbraun rösten. Die Petersilienblätter fein hacken. Aus Zitronensaft, Olivenöl sowie Salz und Pfeffer eine Vinaigrette herstellen und mit sämtlichen genannten Zutaten vermengen. **5** **Für die Sumakzwiebeln** die Zwiebeln schälen, halbieren und in Scheiben schneiden. Die Zwiebeln, Zitronensaft, Sumak und Salz miteinander vermengen. **6** Den Salat jeweils mit einigen Falafeln auf dem Teller anrichten. Die Sumakzwiebeln und Labané, bestreut mit Nanaminze, getrennt servieren.

BINO GABSO STAMMT AUS DER LIBYSCHEN HAUPT-STADT TRIPOLIS. 1993 ERÖFFNETE ER DAS RESTAURANT IN JAFFA, DAS SICH GANZ DEM GERICHT »SHAKSHUKA« VERSCHRIEBEN HAT UND »DR. SHAKSHUKA« HEISST. GABSO IST ALLGEMEIN ALS DR. SHAKSHUKA BEKANNT; SEIN RESTAURANT IST EINE PILGERSTÄTTE FÜR SHAK-SHUKA-LIEBHABER.

BULGURSALAT MIT ZIEGENKÄSE UND DATTELN

Dieses Gericht ist meine Luxusversion des klassischen Tabouleh aus der levantinischen Küche. Die Basis sind Bulgur und frische Kräuter, deren erdige Aromen sich mit den raffiniert süß schmeckenden Pekannüssen und Datteln harmonisch verbinden. Dabei kann sich der Sainte-Maure mit seiner Pilznote großartig profilieren. So wird Tabouleh zum Gourmetsalat.

Für 4–6 Personen
- 2 Zwiebeln
- 2 Frühlingszwiebeln
- 2 Bund glatte Petersilie
- 1 Bund Koriander
- natives Olivenöl
- 500 g grobkörniger Bulgur
- Salz
- 150 g Pekannüsse
- 200 g Medjoul-Datteln
- 250 g Sainte-Maure
- Saft von 1–2 Zitronen
- schwarzer Pfeffer aus der Mühle

• *Sainte-Maure de Touraine ist ein französischer Weichkäse. Er stammt aus einem Gebiet an der Loire und ist zu erkennen an dem Strohhalm. Dieser dient dazu, den rollenförmigen Käse zusammenzuhalten und gleichzeitig zu belüften. Sollten Sie keinen Sainte-Maure bekommen, können Sie auch milden Feta verwenden. Kaufen Sie ihn aus Kuh-, Schafs- oder Ziegenmilch an der Frischetheke im türkischen Lebensmittelgeschäft.*

1 Die Zwiebeln schälen und fein hacken. Die Frühlingszwiebeln putzen, waschen und in feine Ringe schneiden. Petersilie und Koriander waschen und trocken schütteln. Die Petersilienblätter von den Stängeln zupfen und fein hacken. Den Koriander mit den dünneren Stielen fein hacken. **2** Den Backofen auf 170 Grad vorheizen. **3** 2 Esslöffel Olivenöl in einem Topf, der ein Fassungsvermögen von mindestens 3 Liter hat, erhitzen und die Zwiebeln sowie die Frühlingszwiebeln weich dünsten, dabei beachten, dass sie wenig Farbe annehmen. Den Bulgur waschen und hinzufügen. 1 Teelöffel Salz dazugeben und 800 ml Wasser angießen. Bei geschlossenem Deckel zum Kochen bringen. Den Topf vom Herd nehmen, beiseitestellen und das Ganze zugedeckt 30 Minuten ziehen lassen. Anschließend den Bulgur mit einer Gabel auflockern und bei Zimmertemperatur abkühlen lassen. **4** In der Zwischenzeit die Pekannüsse auf einem Backblech im heißen Ofen 2–4 Minuten rösten, dabei mindestens einmal wenden. Aus dem Ofen nehmen, auskühlen lassen und grob hacken. Die Datteln der Länge nach aufschneiden, die Kerne und den Stielrest, wenn vorhanden, entfernen und die Früchte vierteln. **5** Den Bulgur mit den grünen Kräutern vermischen und mit 3–5 Esslöffeln Olivenöl, Zitronensaft, Salz und Pfeffer würzen. Die Pekannüsse und die Datteln erst kurz vor dem Servieren unterheben. **6** Zum Servieren den Salat auf dem Teller anrichten, den Sainte-Maure in mundgerechte Stücke zupfen und darauf verteilen.

WENN ES SCHNELL GEHEN SOLL, KAUFEN SIE INSTANT-BULGUR, DEN SIE IN GROSSEN SUPERMÄRKTEN, ASIA- UND BIOLÄDEN FINDEN. ÜBERGIESSEN SIE IHN MIT KOCHENDEM WASSER, UND LASSEN SIE IHN ETWA 30 MINUTEN ZIEHEN. KOCHT MAN DEN BULGUR ALLERDINGS WIE IM REZEPT BESCHRIEBEN, WIRD ER BEKÖMMLICHER UND FÜHLT SICH IM MUND ANGENEHMER AN. ZUDEM MACHEN IHN DIE ZWIEBELN SCHÖN SAFTIG.

BELUGALINSENSALAT
MIT SÜSSKARTOFFEL

Von allen Linsensorten haben es mir die kleinen, schmackhaften, schwarzen Belugalinsen am meisten angetan. Gerade für Salat verwende ich sie am liebsten. In diesem Rezept kommen sie in der Kombination mit den gebackenen Süßkartoffelwürfeln besonders gut zur Geltung, und die unterschiedlichen Texturen von Linsen, Süßkartoffeln und Pekannüssen machen diesen Salat zu einem raffinierten Gericht, der auch einmal eine ganze Mahlzeit sein kann. Man kann ihn warm oder kalt essen.

Für 4–6 Personen
- 500 g Belugalinsen
- etwa 500 g Süßkartoffeln
- 100 g Pekannüsse
- 1–2 Zitronen
- natives Olivenöl
- 1 TL brauner Zucker
- Salz und schwarzer Pfeffer aus der Mühle

Außerdem
- 1 Handvoll Korianderblätter oder Brunnenkresse

1 Den Backofen auf 180 Grad vorheizen. **2** Die Linsen waschen und 30 Minuten in kaltem Wasser einweichen. Die Süßkartoffeln waschen, schälen und in Würfel von 1–1½ cm schneiden. Die Pekannüsse auf einem Backblech im heißen Ofen leicht rösten, dabei mindestens einmal wenden. Vor dem Auspressen der Zitronen einige Filets auslösen und zum Dekorieren beiseitestellen. Den Rest auspressen und ebenfalls beiseitestellen. **3** Die Linsen in reichlich Salzwasser (1 TL Salz pro Liter Wasser) 20–25 Minuten kochen, bis die gewünschte Bissfestigkeit erreicht ist. (Wichtig! Sie sollten gar, aber eben noch al dente sein.) Die Linsen durch ein Sieb abgießen und abkühlen lassen. **4** Die Süßkartoffelwürfel mit etwas Olivenöl, dem braunen Zucker, Salz und Pfeffer mischen, auf ein mit Backpapier ausgelegtes Backblech geben und 15–20 Minuten goldbraun backen. Herausnehmen und abkühlen lassen. **5** Die Linsen mit 2–3 Esslöffeln Olivenöl, Zitronensaft, Salz und Pfeffer abschmecken und mit den Süßkartoffelwürfeln und den Pekannüssen vorsichtig vermengen. **6** Den Salat auf die Teller verteilen und mit Koriander oder Brunnenkresse dekorieren. Noch warm oder kalt servieren.

ISRAELISCHE PANZANELLA

Dieser Salat ist ein Augen- und Gaumenschmaus – aber nur zur Saison. Denn nur dann schmecken Tomaten, Gurken, Paprika etc. wirklich gut. Allen, denen die Panzanella aus der italienischen »Arme-Leute-Küche« in guter Erinnerung ist, werden sich gerne über diesen Salat hermachen: wegen des sämigen Dressings, das ihm das Tahini verleiht, und wegen der Brotstücke, die ich mit Olivenöl im Backofen röste und mit Zatar würze. Der im Biss quietschige Halloumi passt zu all dem gut und eignet sich hervorragend als Salatbeilage.

Für 4–6 Personen
- 2–3 reife Tomaten
- 2–3 kleine Gurken oder ½ Salatgurke
- 1 rote Paprikaschote
- 1 gelbe Paprikaschote
- 5–6 Radieschen
- 1 Frühlingszwiebel
- 5–10 Nanaminzeblätter

Für die Zatar-Brotwürfel
- 150 g Weißbrot, in Stücke geschnitten oder gebrochen
- 3–5 EL natives Olivenöl
- 1–2 TL Zatar

Für das Dressing
- Saft von 1 Zitrone
- 1 EL Tahini
- 1 TL flüssiger Honig
- 3 EL natives Olivenöl extra
- ½ TL Oreganoblätter, getrocknet
- Salz und schwarzer Pfeffer aus der Mühle

Außerdem
- natives Olivenöl
- 150–200 g Halloumi, in Streifen, Scheiben oder Dreiecke geschnitten
- 50–100 g schwarze Oliven

1 Zuerst das Gemüse vorbereiten: Die Tomaten und Gurken waschen, den Stielansatz entfernen und das Fruchtfleisch jeweils in große Stücke schneiden. Die Paprikaschoten waschen, trocken reiben, halbieren, die Kerne und Scheidewände entfernen und das Fruchtfleisch in große Würfel schneiden. Die Radieschen putzen, waschen und in feine Scheiben schneiden. Die Frühlingszwiebel putzen, waschen und in ½ cm lange Stücke schneiden. Die Nanaminzeblätter in kleine Stücke zupfen. **2 Für die Zatar-Brotwürfel** den Backofen auf 180 Grad vorheizen. Die Brotwürfel in einer Schüssel mit dem Olivenöl beträufeln und sorgfältig durchmischen. Die Brotwürfel auf einem mit Backpapier ausgelegten Backblech verteilen und im heißen Ofen 8–12 Minuten goldbraun rösten. Das Blech aus dem Ofen nehmen und die heißen Brotwürfel zurück in die Schüssel geben. Mit Zatar bestreuen und vermischen. **3 Für das Dressing** aus Zitronensaft, Tahini, Honig und Olivenöl in einer kleinen Schüssel eine Vinaigrette herstellen, Oregano hinzufügen und mit Salz und Pfeffer abschmecken. **4 Für den Halloumi** 2–3 Esslöffel Olivenöl in einer Pfanne erhitzen und den Käse bei mittlerer Hitze von jeder Seite 1–2 Minuten goldbraun braten. **5** Das Dressing über die Salatzutaten geben. Brotwürfel, Oliven und Halloumi erst kurz vor dem eigentlichen Anrichten hinzufügen.

◆ Zatar ist eine Gewürzmischung des mittleren Ostens. Ihr Hauptbestandteil ist wilder Thymian, auch biblischer Ysop genannt, der geschmacklich mehr an Oregano als an Thymian erinnert. Wegen der geschmacklichen Verwandtschaft von Ysop und Oregano verwende ich hier beide Gewürze an verschiedenen Stellen. Auf diese Weise haben die einzelnen Kräuter die Möglichkeit, sich zu profilieren.

MAN KANN ZATAR AUCH VOR DEM BACKEN AUF DIE BROTWÜRFEL GEBEN. DABEI BESTEHT ABER DIE GEFAHR, DASS DAS ZATAR FRÜHER ALS DAS BROT DUNKEL WIRD, WAS SEINEM GESCHMACK ABTRÄGLICH IST. WENN MAN DAS ZATAR AUF DAS BROT GIBT, SOLANGE ES HEISS IST, REICHT DAS, SEINE AROMEN AUFZUWECKEN.

GROSSE GERICHTE
UND **HAUPTSPEISEN**

FILOTARTE
MIT REIS-SPINAT-KÄSE-FÜLLUNG

In diesem Rezept kommt Filoteig einmal ganz anders zum Einsatz, als man das sonst kennt. Wenn man mehrere Lagen aufeinanderschichtet, erhält man einen recht stabilen Belag, der eine Tarte trägt. Dabei ist es Absicht, dass der Teig über die Backform überlappt und lose über den Rand der Tarte zusammengefaltet wird, damit die Oberfläche schön knusprig wird. Es ist daher wichtig, den Teig großzügig mit Butter einzupinseln, damit er ordentlich Farbe annimmt und kross wird; denn Filoteig enthält kein Fett. Aber trotzdem Vorsicht! Filoteig nimmt allzu schnell zu viel Farbe an und verbrennt schlimmstenfalls. Daher die Backtemperatur auf 170 Grad einstellen und auf der untersten Schiene backen. Falls doch einmal das Malheur passiert und die Teigoberfläche verbrannt ist, lässt sich die obere Schicht ablösen, und man kann die Tarte darunter doch noch genießen. ♦ Die Füllung kann man im Grunde nach Belieben variieren. Ich verrate hier eine Version, die verwöhnt und zugleich satt macht.

Für 4–6 Personen
- 250 g Blattspinat (TK)
- 150 g Reis (Sorte nach Belieben)
- 200 g Feta
- 4 Eier
- 2 Frühlingszwiebeln
- 1 Handvoll fein gehackter Dill
- 1 Handvoll fein gehackte Nanaminzeblätter
- abgeriebene Schale von ½ Biozitrone
- Salz und schwarzer Pfeffer aus der Mühle
- 100 g geschmolzene Butter
- 5 Filoteigblätter, etwa 40 x 60 cm
- 50 g frisch geriebener Kaschkawal, alternativ Mozzarella

1 Den Backofen auf 170 Grad vorheizen. **2** Für die Füllung den Spinat in etwa 4 Stunden auftauen lassen und gut ausdrücken (schneller geht es in der Mikrowelle). Den Reis nach Packungsanleitung weich kochen. Den Feta reiben oder zerbröckeln. Die Eier verquirlen. Die Frühlingszwiebeln putzen, waschen und in feine Ringe schneiden. Spinat, Reis, Feta, Eier, Frühlingszwiebeln, Dill und die Nanaminze in einer Schüssel gut vermischen. Den Zitronenabrieb hinzufügen und mit Salz und Pfeffer würzen. **3** Eine Springform mit 26 cm Durchmesser mit geschmolzener Butter einpinseln. Die Filoteigblätter – besonders die Ränder – mit der restlichen Butter einpinseln und Blatt für Blatt immer ein wenig versetzt zum darunterliegenden Blatt in die Backform legen, dabei den Teig leicht an den Rand drücken und an den Seiten etwas überhängen lassen. **4** Nun die Füllung mittig daraufgeben und gleichmäßig in der Form verteilen. Mit Kaschkawal bestreuen und die restliche geschmolzene Butter darübergießen. Den an den Seiten überhängenden Teig darüberschlagen. Die Form in den heißen Ofen auf die untere Schiene stellen und die Tarte 30–40 Minuten goldbraun backen. **5** Die Tarte in Stücke schneiden und diese auf den Tellern anrichten.

HUMMUS MIT PILZRAGOUT

Die köstliche Kichererbsenpaste Hummus ist in Israel ein Grundnahrungsmittel. Vermutlich in jedem Haushalt wird man sie im Kühlschrank finden. Hummus kann man zum Frühstück, zum Mittag- und zum Abendessen oder einfach zwischendurch essen, besser noch mit einer Pita »aufwischen«. ♦ In ganz Israel gibt es Straßenlokale, die auf Hummus spezialisiert sind, sogenannte »Hummussia«. Dort gibt es in der Regel Hummus, aber darüber hinaus alles, was dazugehört, um das Herz eines Hummusfans höher schlagen zu lassen: Tahini-Sauce, Massabacha, hart gekochte Eier, saure Gurken, Pita etc. Die Kreation, die sich zuletzt allgemein etabliert hat, ist Hummus mit heißem Pilzragout.

Für 4–6 Personen
Für den Hummus
- 500 g getrocknete Kichererbsen (über Nacht in reichlich Wasser eingeweicht), alternativ Kichererbsen aus Glas oder Dose, 1 kg (Abtropfgewicht)
- 2 Knoblauchzehen
- 400–500 g Tahini
- Saft von 1–2 Zitronen
- ½ TL Kreuzkümmel, gemahlen
- Salz und schwarzer Pfeffer aus der Mühle

Für das Pilzragout
- 2–3 Zwiebeln
- 4–6 EL natives Olivenöl
- Salz
- 1 kg kleine Champignons oder größere Exemplare, in Stücke geschnitten
- ½ TL Kurkuma, gemahlen
- schwarzer Pfeffer aus der Mühle

1 Für den Hummus die Kichererbsen abgießen, sorgfältig abspülen, in einen Topf geben und mit reichlich Wasser bedecken, dabei etwas salzen. Alles aufkochen lassen und bei kleiner Hitze simmern lassen, bis die Kichererbsen sehr weich sind. (Das kann durchaus auch einmal 2 Stunden dauern, wenn getrocknete Kichererbsen verwendet werden.) Die Kichererbsen abgießen und das Kochwasser beiseitestellen. **2** Die Knoblauchzehen schälen und grob zerschneiden. Die Kichererbsen und den Knoblauch in der Küchenmaschine oder im Mixer fein pürieren. Tahini und Zitronensaft portionsweise (Menge nach Belieben) unterrühren. Mit Kreuzkümmel, Salz und Pfeffer würzen. Wenn die Masse zu kompakt ist, mit dem beiseitegestellten Kochwasser verdünnen. Falls der Hummus zu flüssig geworden ist, weiteres Tahini hinzufügen. **3 Für das Pilzragout** die Zwiebeln schälen und zuerst in Viertel, dann in Scheiben schneiden. Das Olivenöl in einem Topf erhitzen und die Zwiebeln mit etwas Salz andünsten, bis sie leicht Farbe nehmen und weich sind. Die Pilze dazugeben und 10–15 Minuten garen. Kurkuma hinzufügen und mit Salz und Pfeffer würzen. Weitere 5 Minuten bei kleiner Hitze ziehen lassen. **4** Eine Portion Hummus auf dem Teller ausstreichen und darauf eine ordentliche Portion Pilze anrichten. Dazu frisches Fladenbrot oder Frena (siehe Seite 42) reichen.

BULGURAUFLAUF
NACH LIBANESISCHER ART

Dieses Gericht auf der Basis von Bulgur und Kartoffeln, aus denen Boden und Belag hergestellt sind, habe ich bei Bekannten, die aus dem Libanon kommen, kennengelernt. Es schmeckt unglaublich gut, so gut, dass es zwischenzeitlich in meiner Familie nicht mehr wegzudenken ist. ♦ *Die Füllung aus gebratenen Zwiebelringen und gerösteten Pinienkernen, gewürzt mit Sumak, ist typisch levantinisch.*

Für 6 Personen
Für den Teig
- 800 g mehligkochende Kartoffeln, geschält und in große Würfel geschnitten
- Salz
- 250 g grober Bulgur
- 50 g Mehl
- ¼ TL Zimtpulver
- ¼ TL Rosenpaprikapulver

Für die Füllung
- 50–100 g Pinienkerne
- 600 g Zwiebeln
- 3–5 EL natives Olivenöl
- Salz
- 1 TL Sumak
- Saft von ½ Zitrone
- schwarzer Pfeffer aus der Mühle

1 Für den Teig die Kartoffeln schälen, in große Würfel schneiden und in reichlich Salzwasser (1 TL Salz pro Liter Wasser) weich kochen. Anschließend das Wasser abgießen und die Kartoffeln ausdampfen, jedoch nicht ganz auskühlen lassen. Mit einem Stampfer die Kartoffeln zu Püree zerdrücken. Den Bulgur und 1 Teelöffel Salz in eine Schüssel oder in einen Topf geben und mit 400 ml kochendem Wasser übergießen, abdecken und mindestens 30 Minuten ziehen lassen. Danach mit einer Gabel oder mit den Fingern auflockern und zu den Kartoffeln geben. Mit dem Mehl zu einer einheitlichen Masse verarbeiten und mit Zimt und Rosenpaprika würzen. **2 Für die Füllung** den Backofen auf 160 Grad vorheizen und die Pinienkerne 2–4 Minuten goldgelb rösten. Die Zwiebeln schälen, halbieren und in Scheiben schneiden. Das Olivenöl mit etwas Salz in einer Pfanne erhitzen und die Zwiebeln goldbraun braten, bis sie weich sind. Sumak, Zitronensaft und die Pinienkerne hinzufügen und mit Salz und Pfeffer abschmecken. ➡

BULGURAUFLAUF
NACH LIBANESISCHER ART

Für die Joghurtsauce
- 1 Handvoll Nanaminzeblätter
- 1 Handvoll Korianderblätter, alternativ Petersilienblätter
- 1 Frühlingszwiebel
- ½–1 rote Chilischote
- 200 g Naturjoghurt (3,7 %)
- 200 g Crème fraîche
- 1 EL flüssiger Honig
- Salz und schwarzer Pfeffer aus der Mühle

Außerdem
- Butter oder natives Olivenöl für die Form

3 Für die Joghurtsauce die Nanaminze- und Korianderblätter fein hacken. Die Frühlingszwiebel putzen, waschen und in feine Ringe schneiden. Die Chilischote – nach Belieben mit oder ohne Kerne – waschen und fein hacken. Joghurt, Crème fraîche, Honig, die Nanaminze- und Korianderblätter, Frühlingszwiebeln und Chilischote in einer Schüssel verrühren. (Vorsicht übrigens bei Chili! Lässt man die Sauce länger ziehen, nimmt die Schärfe naturgemäß zu. Sollte die Sauce zu scharf geworden sein, entweder den Geschmack mit Honig ausgleichen oder weiteren Joghurt hinzufügen.) Die Schüssel abdecken und kalt stellen. **4** Den Backofen auf 180 Grad vorheizen. **5** Eine etwa 20 x 30 cm große Auflaufform mit Butter oder Olivenöl ausstreichen und die Hälfte des Kartoffel-Bulgur-Teiges in der Form gleichmäßig verteilen. Nun diesen Boden 15–20 Minuten im heißen Ofen backen. Die Form herausnehmen und den Teig etwas anziehen lassen. Die Füllung auf dem Boden verteilen und mit der zweiten Hälfte des Teiges abschließen. Wer möchte, kann in die Oberfläche ein Muster einritzen. Das sieht nicht nur hübsch aus, sondern schafft Angriffsflächen für die Hitze im Ofen, was zur Folge hat, dass die Oberfläche an manchen Stellen besonders knusprig ist. Den Auflauf 35–45 Minuten im heißen Ofen backen, dabei den Teig ein- bis zweimal mit Butter oder Olivenöl bestreichen. **6** Den Auflauf 10 Minuten vor dem Servieren ruhen und etwas auskühlen lassen. Anschließend in Stücke schneiden und mit der kalten Joghurtsauce anrichten. Dazu passt sehr gut ein kleiner Blattsalat.

ROTE-BETE-SUPPE MIT KUBE

Diese Suppe stammt aus dem Norden des Iraks und erfreut sich mittlerweile bei vielen Israelis großer Beliebtheit – auch wegen der Kube, die es in vielen Variationen gibt. Kube sind gefüllte Knödel aus Bulgur und/oder Grieß. Die Original-Kube ist mit Fleisch gefüllt. Ich ersetze es durch Mangold, der einen schönen farblichen Kontrast zum intensiven Rot der Roten Bete entstehen lässt, wenn man die Kube öffnet.

Für 4–6 Personen
Für die Suppe
- 5 mittelgroße Rote Beten
- 1–2 Zwiebeln
- 5–6 Stangen Bleichsellerie
- Sonnenblumenöl
- Salz
- 50 g Tomatenmark
- Saft von 1–2 Zitronen
- 2–4 EL Zucker
- schwarzer Pfeffer aus der Mühle

Für den Kube-Teig
- 300 g Grieß
- 1 EL Sonnenblumenöl
- ½ TL Salz

Für die Kube-Füllung
- 4–5 Mangoldblätter
- natives Olivenöl
- Salz und schwarzer Pfeffer aus der Mühle

Außerdem
- fein gehackte Petersilie oder Koriander

1 Für die Suppe die Rote-Bete-Knollen schälen und zuerst in Viertel, anschließend in ½ cm dicke Scheiben schneiden. Die Zwiebeln schälen und fein hacken. Die Selleriestangen putzen, waschen und in 1–2 cm lange Stücke schneiden. Von den Sellerieblättern eine Handvoll fein hacken und beiseitestellen. **2** 2–4 Esslöffel Sonnenblumenöl in einem hohen Topf erhitzen und die Zwiebeln mit etwas Salz 5–10 Minuten andünsten. Die Roten Beten und den Sellerie sowie das Tomatenmark dazugeben und weitere 5–10 Minuten schmoren. Das Gemüse mit reichlich Wasser bedecken, zum Kochen bringen und 1 Stunde bei kleiner Hitze köcheln lassen. Mit Zitronensaft sowie Zucker, Salz und Pfeffer süßsauer abschmecken. **3 Für den Kube-Teig** Grieß, Sonnenblumenöl und Salz in einer Schüssel vermengen. 120 ml lauwarmes Wasser langsam dazugießen und rühren, bis eine glatte, aber nicht zu flüssige Masse entsteht. Etwa 20 Minuten ziehen lassen, bis der Teig weich und körnig ist. **4 Für die Kube-Füllung** die Mangoldblätter waschen, trocken tupfen und sehr klein schneiden. 2–4 Esslöffel Olivenöl in einer Pfanne erhitzen und den Mangold darin schwenken, bis er ganz zusammengefallen und bissfest ist. Mit Salz und Pfeffer abschmecken. Abkühlen lassen. **5** Vom Kube-Teig jeweils einen Teelöffel voll abnehmen und den Teig mit den Fingern zu einer flachen etwa handtellergroßen Scheibe formen. In die Mitte der Scheibe Mangold geben, den Teig darüber schließen und zu einer Kugel formen, dabei darauf achten, dass die Kugel an keiner Stelle offen ist. **6** Die fertigen Kube in die kochende Suppe einlegen. Gegebenenfalls vorher die Flüssigkeitsmenge etwas korrigieren, sodass sämtliche Kube in der Suppe liegen. Weitere 20–25 Minuten bei kleiner Hitze köcheln lassen und zum Schluss nochmals abschmecken. **7** Die Suppe in tiefe Teller füllen oder als Hauptgericht auf Reis oder Couscous servieren.

MEDJADRA DRUSISCHE LINSEN MIT BULGUR UND KIRSCHTOMATEN

Medjadra wird normalerweise mit Reis und Linsen zubereitet. Einmal verbrachte ich einen ganzen Tag in einem drusischen Dorf im Norden Israels. Dort lernte ich die alte Großmutter Djamila kennen, die so etwas wie die Dorfweise und als solche eine Berühmtheit im ganzen Land ist. Neben vielen anderen Dingen lehrte sie mich, wie Drusen Medjadra zubereiten: nämlich statt mit Reis mit Bulgur. Das hat mich fasziniert, und ich habe diese Zubereitungsweise sofort übernommen. Zu Medjadra esse ich gerne Joghurt und gebackene Kirschtomaten.

Für 4–6 Personen

Für das Medjadra
- 6–8 Zwiebeln
- 250 g Belugalinsen
- Salz
- 5–6 EL natives Olivenöl
- 250 g grober Bulgur
- 1 TL Kreuzkümmel, gemahlen
- schwarzer Pfeffer aus der Mühle

Für die Kirschtomaten
- 15–25 Kirschtomaten
- natives Olivenöl

Außerdem
- 200–300 g Naturjoghurt (3,7 %), alternativ griechischer Joghurt oder Labané

1 Für das Medjadra die Zwiebeln schälen, davon 2 Zwiebeln fein hacken, den Rest in feine Ringe schneiden. **2** Einen Topf mit 1 l Wasser füllen, 1 Teelöffel Salz hinzufügen und die Linsen etwas mehr als bissfest kochen. 2–3 Esslöffel Olivenöl in einem zweiten Topf erhitzen und die fein gehackten Zwiebeln mit etwas Salz goldbraun braten. Bulgur dazugeben und unter Rühren einige Minuten erhitzen, ohne ihn dunkel werden zu lassen. 450 ml Wasser und ½ Teelöffel Salz hinzufügen, umrühren, zum Kochen bringen, abdecken und 3–5 Minuten bei kleiner Hitze köcheln lassen. Mindestens 20 Minuten abgedeckt stehen lassen. **3** Das restliche Olivenöl in einer Pfanne erhitzen und die Zwiebelringe mit etwas Salz braun braten. Den Kreuzkümmel hinzufügen und weitere 2 Minuten bei kleiner Hitze und unter Wenden braten. **4** Die Linsen und den Bulgur miteinander vermischen und mit Salz und Pfeffer würzen. Die Hälfte der gebratenen Zwiebelringe unterheben. **5 Für die Kirschtomaten** den Backofen auf 180 Grad vorheizen. Die Tomaten mit Olivenöl einreiben (am besten mit etwas Olivenöl in einer Schüssel wenden) und auf einem mit Backpapier ausgelegten Backblech 10–15 Minuten backen, bis sie leicht schrumpelig werden. **6** Das Medjadra auf die Teller verteilen und jeweils 1 Esslöffel der gebratenen Zwiebelringe darauflegen. Eine Portion Joghurt und einige gebackene Kirschtomaten dazugeben.

SINÍA MIT TAHINI-SAUCE ÜBERBACKENES RÖSTGEMÜSE

Das ist ein palästinensisches Ofengericht, das es in sich hat. Im Original wird es mit gebratenem Hackfleisch zubereitet, aber ich mache es genauso gerne – wie hier – nur mit Gemüse. ♦ *Das Geheimnis und Alleinstellungsmerkmal von Sinía ist das Gratinieren mit Tahini-Sauce anstelle von Käse. Tahini stockt beim Backen und wird etwas krümelig. Das Ergebnis ist ein besonderes Geschmackserlebnis.*

Für 4–6 Personen
- 2 kleine Zucchini
- 1 rote Paprikaschote
- 1 gelbe Paprikaschote
- 1 Aubergine
- 1–5 Knoblauchzehen
- natives Olivenöl
- 1 TL Thymian oder Oregano, frisch oder getrocknet
- Salz und schwarzer Pfeffer aus der Mühle
- Tahini-Sauce (Rezept Seite 32)

Außerdem
- 1–2 reife Tomaten
- fein gehackte Petersilie, Koriander- oder Nanaminzeblätter

1 Die Zucchini putzen, waschen und in 1–1 ½ cm große Stücke schneiden. Die Paprikaschoten waschen, trocken reiben, halbieren, Kerne sowie Scheidewände entfernen und in ebensolch große Stücke schneiden. Die Aubergine putzen, waschen, trocken reiben und in 1–1 ½ große Stücke schneiden. Die Knoblauchzehen durch die Knoblauchpresse drücken oder fein hacken. **2** Den Backofen auf 200 Grad vorheizen. Das Gemüse in einer Schüssel mit Olivenöl und Thymian gut vermengen, mit Salz und Pfeffer würzen, in eine etwa 20 x 30 cm große Backform geben und darin gleichmäßig verteilen. Im heißen Ofen 20–25 Minuten goldbraun und bissfest rösten, dabei nach 10 Minuten einmal wenden. **3** Die Tahini-Sauce nach dem Rezept auf Seite 32 zubereiten, über das Gemüse gießen und noch einmal 10–15 Minuten im Ofen gratinieren. **4** Anschließend über dem fertigen Gericht oder auf den angerichteten Tellern 1–2 Tomaten ausdrücken. Dazu halbiert man die Tomaten und träufelt den Fruchtinhalt, ähnlich einer Zitrone, die man mit der Hand ausdrückt, auf das Gericht. Mit frischen Kräutern bestreuen.

♦ *Das Rezept lässt sich natürlich auch mit anderen Gemüsesorten zubereiten; der Fantasie sind keine Grenzen gesetzt.*

Wer zum ersten Mal nach Israel kommt, wird überrascht sein von der vielfältigen vibrierenden Gastronomie. **Tel Aviv kocht auf Weltniveau.** Ich bin stolz darauf, heute zu dieser kulinarischen Szene zu gehören.

GEFÜLLTE ZWIEBELN
MIT BULGUR UND CRANBERRIES

Gefüllte Zwiebeln gehören zu den Gerichten, für die man Zeit und Geduld braucht. Das Rezept, das sich im Übrigen auch für anderes Gemüse eignet, hat seinen Ursprung in Aleppo in Syrien, woher die Familie meines Schwiegervaters stammt. Obwohl sie seit fünf Generationen in Israel lebt, ist sie immer noch stolz auf ihre Herkunft. Die Küche Syriens gilt gemeinhin als eine der besten im Vorderen Orient.

Für 4–6 Personen
- 4–6 große Zwiebeln

Für die Füllung
- 250 g grober Bulgur
- 100 g Walnüsse
- 100 g Rosinen
- 1 kleines Bund glatte Petersilie
- ½ TL Baharat, alternativ Zimtpulver
- Salz und schwarzer Pfeffer aus der Mühle

Für die Sauce
- 1 Zwiebel
- 150 ml Sonnenblumenöl
- 100 g Zucker
- Salz und schwarzer Pfeffer aus der Mühle

Außerdem
- 100 g Cranberries

1 Salzwasser (1 TL Salz pro Liter Wasser) in einem Topf zum Kochen bringen. Die ungeschälten Zwiebeln von der Spitze bis zur Wurzel einschneiden, jedoch genau bis zu ihrer Mitte. Die Zwiebeln ins kochende Wasser legen und 5–8 Minuten garen. Mit einem Schaumlöffel herausnehmen, abtropfen und abkühlen lassen. Von den Zwiebeln nun Spitze und Wurzel abschneiden und die Schale entfernen. Die äußeren Schichten der Zwiebeln ablösen und auf einer großen Platte beiseitestellen. Den inneren Teil fein hacken und ebenfalls beiseitestellen. **2 Für die Füllung** den Bulgur 30 Minuten in warmem Wasser quellen lassen und anschließend das Wasser durch ein Sieb abgießen. Die Walnüsse hacken. Die Rosinen klein schneiden. Die Petersilie waschen und trocken schütteln. Die Blätter von den Stängeln zupfen und fein hacken. Den Bulgur mit den Walnüssen, Rosinen, der Petersilie und Baharat gut vermischen und mit Salz und Pfeffer abschmecken. **3 Für die Sauce** die Zwiebel schälen, halbieren und in Scheiben schneiden. Das Sonnenblumenöl in einem Topf oder in einer Pfanne mit großem Durchmesser erhitzen und die Zwiebelhalbringe sowie die beiseitegestellten gehackten Zwiebeln dazugeben und goldbraun braten. Den Zucker einstreuen und karamellisieren lassen. Den Topf bzw. die Pfanne vom Herd nehmen und die Zwiebeln mit Salz und Pfeffer würzen. ➡

GROSSE GERICHTE UND **HAUPTSPEISEN**

GEFÜLLTE ZWIEBELN
MIT BULGUR UND CRANBERRIES

4 Nun 1 Esslöffel Füllung zusammendrücken (dazu die Hände anfeuchten) und mit beiden Händen zu einer Art Kebab formen. Eine Zwiebelschicht in die Hand nehmen und die Füllung in die Mitte legen. Die Schale um die Füllung legen und durch vorsichtiges Umschließen der gefüllten Zwiebel mit der ganzen Hand die Luft aus der Mitte herausdrücken. In dieser Weise verfahren, bis alle Zwiebeln gefüllt sind. **5** Die gefüllten Zwiebeln möglichst in nur einer Schicht in einem Topf oder in einer Pfanne anordnen. Die Cranberries grob hacken und darüber verteilen. Mit Salz und Pfeffer würzen. Die Zwiebeln mit Wasser bedecken und bei kleiner Hitze 60–90 Minuten köcheln lassen, bis die Schalen der gefüllten Zwiebeln gar sind, aber noch ihre Form behalten haben. Gegebenenfalls bei Bedarf etwas Wasser nachfüllen. Wichtig ist, dass am Ende des Kochvorgangs die Flüssigkeit von den gefüllten Zwiebeln aufgesogen oder verdampft ist. Es soll nur noch wenig konzentrierte Sauce die Zwiebeln umgeben. **6** Die gefüllten Zwiebeln auf den Tellern anrichten.

◆ *Anderes Gemüse als Zwiebeln zu füllen, ist einfacher. Leicht gelingt das mit Paprikaschoten, die man nur aufzuschneiden braucht, aber auch Zucchini, Auberginen und Tomaten lassen sich mit einem Kugelausstecher aushöhlen. Das ausgeschabte Gemüse kann sowohl für die Füllung als auch für die Sauce verwendet werden.*

PIKANTES KNAFE KADAIFI-AUFLAUF MIT KIRSCHTOMATENSALAT

Knafe ist eine besondere Süßspeise des Mittleren Ostens. Sie stammt vermutlich aus der palästinensischen Stadt Nablus, die in Samarien, im heutigen nördlichen Westjordanland, liegt. Sie wird traditionell mit einem besonderen weißen Käse, Gebna, gefüllt und nach dem Backen mit Zuckersirup getränkt. In der Altstadt von Jerusalem gibt es Lokale, wo es ausschließlich diese und ähnliche süße Delikatessen gibt und wohin ich alle meine Gäste auf einem Stadtrundgang führe. ◆ Für dieses Buch habe ich mich jedoch für eine pikante Variante des Knafe entschieden – nicht zuletzt, weil Gebna in Europa nicht einfach zu bekommen ist.

Für 6 Personen
Für das Knafe
- 400 g Kadaifi-Teig
- 100 g heiße, geschmolzene Butter
- 200 g frisch geriebener Gouda
- 100 g frisch geriebener Mozzarella
- 100 g frisch geriebener Parmesan oder Gruyère
- ¼ TL Chiliflocken
- ½ TL Thymianblättchen, vorzugsweise frisch
- Salz und schwarzer Pfeffer aus der Mühle

Für den Kirschtomatensalat
- 500 g Kirschtomaten verschiedener Farben und Formen
- einige Basilikumblätter
- 2 TL Aprikosenmarmelade
- Saft von 1 Zitrone
- 2–4 EL natives Olivenöl extra
- Salz und schwarzer Pfeffer aus der Mühle

1 Den Backofen auf 165 Grad vorheizen. **2 Für das Knafe** den Kadaifi-Teig in einer großen Schüssel oder auf einem Backblech mit den Fingern auseinanderzupfen und portionsweise mit der heißen Butter beträufeln, dabei immer wieder die Teigfäden mit den Händen mischen und auflockern, damit sie nicht verklumpen. Die Hälfte des Teiges in eine runde Quicheform mit 28 cm Durchmesser geben und mit den Fingern leicht andrücken. Die geriebenen Käse und die Gewürze vermischen und auf dem Teig verteilen. Nun den restlichen Teig darauf ausbreiten und mit etwas Salz und Pfeffer bestreuen. Die Form auf der mittleren Schiene in den heißen Ofen stellen. Alle 5 Minuten prüfen, ob der Teig an der Oberfläche nicht zu dunkel wird. Diese Kontrolle ist deshalb wichtig, weil die dünnen Teigfäden rasch zu viel Hitze abbekommen können, während der Käse noch nicht geschmolzen ist. Sollte der Teig zu schnell braun werden, das Backblech auf eine tiefere Schiene stellen und/oder das Ganze mit Alufolie abdecken. **3 Für den Salat** die Tomaten waschen und den Stielansatz entfernen. Die Tomaten halbieren oder vierteln. Die Basilikumblätter fein hacken. Die Marmelade mit dem Zitronensaft und dem Olivenöl verrühren und mit Salz und Pfeffer würzen. Die Tomaten unter die Vinaigrette heben. **4** Das sehr heiße (!) Knafe auf die Teller verteilen und den Tomatensalat (Zimmertemperatur!) darauf anrichten.

DIE SÜSSE APRIKOSENMARMELADE IST EINE GROSSARTIGE BEGLEITERIN DER KIRSCHTOMATEN, DIE DEREN AROMEN WUNDERVOLL UNTERSTÜTZT.

GEMISCHTER GEMÜSETOPF
AUF COUSCOUS

Couscous ist die Leib- und Magenspeise der Nordafrikaner. Er kam mit den zahlreichen jüdischen Einwanderern aus Marokko, Tunesien und Libyen nach Israel. Eigentlich ist Couscous aber nur eine einfache Beilage, die aus gedämpftem und zu Kügelchen gerolltem Grieß hergestellt wird. Doch hinter dem Namen steht eine ganze Welt von fantasievollen Gerichten, zu denen Couscous gereicht wird. ♦ In Supermärkten gibt es heute quasi nur parboiled Couscous, der wie Bulgur einfach nur noch mit heißem Wasser (oder mit Brühe) übergossen werden muss. ♦ Dieser Gemüsetopf ist in Israel sehr verbreitet. Er schmeckt gut und macht satt. Dr. Shakshuka in Jaffa hat mir das Rezept verraten.

Für 4–6 Personen
- 500 g Couscous
- 1 Gemüsezwiebel
- 1 Dose Kichererbsen (400 g)
- 4 Karotten
- 2 Zucchini
- 300–400 g Riesenkürbis
- 2 Stangen Bleichsellerie
- 2–4 EL natives Olivenöl
- Salz
- ½ –1 TL Kurkuma, gemahlen
- ⅛ TL Rosenpaprikapulver
- schwarzer Pfeffer aus der Mühle

1 Den Couscous nach Packungsanleitung zubereiten. Die Gemüsezwiebel schälen und in grobe Stücke schneiden. Die Kichererbsen abtropfen lassen und anschließend sorgfältig abspülen. Die Karotten und die Zucchini schälen bzw. waschen, putzen und in grobe Stücke schneiden. Den Kürbis eventuell schälen und ebenfalls grob würfeln. Die Selleriestangen putzen, waschen und in kleine Stücke schneiden. **2** Das Olivenöl in einem großen Topf erhitzen und die Zwiebeln mit etwas Salz 5–8 Minuten dünsten. Das Gemüse hinzufügen und mit Kurkuma und Rosenpaprika würzen. 200 ml Wasser angießen und das Gemüse so lange garen, bis es weich und die Flüssigkeit sämig ist. Mit Salz und Pfeffer abschmecken. **3** Den Couscous auf den Tellern anrichten und das heiße Gemüse darüberlöffeln.

TSCHOLENT
DER SCHABBATEINTOPF

»Tscholent«, das ist Slow Food par excellence – Essen für die Seele; es ist das Gericht, das wie kein anderes die Heiligkeit des Schabbat widerspiegelt. Seine Kochmethode ist der »Halacha«, den jüdischen Religionsregeln für den Schabbat, geschuldet, nach denen man an dem hohen wöchentlichen Feiertag grundsätzlich nichts kochen darf. Bei der gleichzeitigen Vorschrift, an diesem Tag besonders gut zu essen und seine Seele zu erheben, hat das jüdische Volk über Jahrtausende Rezepte entwickelt, die – ohne gegen die »Halacha« zu verstoßen und damit den heiligen Schabbat zu verletzen – höchsten kulinarischen Ansprüchen gerecht werden und uns den Tscholent beschert haben. Bereitet man Tscholent nach der »Halacha« zu, muss er bis Freitag vor Sonnenuntergang fertig vorgekocht sein, und er wird dann bei kleiner Hitze auf seine Reise in den Schabbat geschickt. Unterwegs darf man ihn dann nicht mehr würzen oder den Kochvorgang korrigieren. Während dieser ganzen Zeit wird das Haus mit den sich langsam entwickelnden und an Intensität zunehmenden Düften des vor sich hin köchelnden Eintopfs durchzogen, dessen Charme sich niemand entziehen kann. Wenn der Eintopf dann mittags nach dem Gang in die Synagoge und dem allfälligen »Kiddusch« (Heiligung des Schabbat durch Segenssprechung über Wein) auf den Tisch kommt, gibt es immer ein gewisses Überraschungselement, wie der Tscholent diesmal ausgefallen ist. Schlecht kann er eigentlich gar nie werden, aber im oberen Bereich der Bewertungsskala gibt es die feinen Unterschiede zwischen gut, sehr gut und ganz besonders gut. Wichtig zu wissen ist, dass die besten Tscholent die Großmütter machen, die seit Jahrzehnten Woche für Woche einen großen Topf aufsetzen. Übung ist bei diesem Gericht das A und O.

Für 8–10 Personen
- 300 g weiße und/oder rote Bohnen
- 2–3 Zwiebeln
- Salz
- 4–6 Knoblauchzehen
- 5–8 mittelgroße festkochende Kartoffeln
- 1–2 kleine Süßkartoffeln ▶

1 Am Vorabend die Bohnen in reichlich kaltem Wasser einweichen.

2 Die Zwiebeln und die Knoblauchzehen schälen und fein hacken. Die Kartoffeln schälen und in Viertel schneiden. Die Süßkartoffeln schälen und in etwa 4 cm große Würfel schneiden. ▶

GROSSE GERICHTE UND **HAUPTSPEISEN**

TSCHOLENT
DER SCHABBATEINTOPF

- natives Olivenöl
- 100 g Tomatenmark
- 1 TL Paprikapulver, edelsüß
- ½ TL Rosenpaprikapulver
- ½ TL Kreuzkümmel, gemahlen
- 300 g Perlgraupen
- schwarzer Pfeffer aus der Mühle

Außerdem nach Belieben
- Weizen
- Kichererbsen (am Vorabend in reichlich kaltem Wasser eingeweicht)
- hart gekochte Eier

♦ *Eigentlich könnte man das Gericht nach 4–6 Stunden getrost essen, aber dann wäre es ein normaler Eintopf, jedoch noch kein Tscholent. Wenn man einen »schnellen« Tscholent machen möchte, muss man jedoch die Temperatur erhöhen, sodass er wirklich kocht. Ein »echter« Tscholent sollte 16–20 Stunden garen. Erst dann entwickeln sich seine Aromen zur Gänze, denen er seinen Ruf verdankt und der denen, die ihn kennen, allein bei dem Gedanken an ihn, das Wasser im Mund zusammenlaufen lässt.*

3 3–5 Esslöffel Olivenöl in einem großen Topf erhitzen und die Zwiebeln mit etwas Salz goldbraun braten. Den Knoblauch dazugeben und weitere 3–5 Minuten dünsten. Das Tomatenmark hinzufügen und unter Rühren 3–5 Minuten rösten. Etwa 200 ml kochend heißes Wasser und die Gewürze hinzufügen. Alles gut und sorgfältig verrühren und kurz aufkochen lassen. **4** Die Kartoffeln und die Süßkartoffeln in den Topf geben und die Bohnen darüberstreuen. Mit kochend heißem Wasser bedecken und zum Kochen bringen. Die Hitze reduzieren. Die Perlgraupen und nach Belieben den Weizen und/oder die Kichererbsen darüber verteilen. Den Topf zudecken und nun bei kleiner Hitze 45–60 Minuten köcheln lassen, bis die Graupen gar sind. Ein letztes Mal den Topfinhalt vorsichtig umrühren und mit den Gewürzen nochmals abschmecken.
5 Anschließend den Topf wieder zudecken (am besten mit Alufolie und Topfdeckel), auf eine Herdplatte stellen und den Eintopf um den Siedepunkt (etwa 98–100 Grad) weiterkochen. Alternativ den Topf in den auf 100 Grad vorgeheizten Backofen stellen und dort lange Zeit lassen. Nicht rühren! **6** Während der ersten 2–3 Stunden gelegentlich kontrollieren, ob das Wasser von den Bohnen und den Graupen (gegebenenfalls auch von dem Weizen und den Kichererbsen) nicht völlig aufgesogen wird. In diesem Fall kochend heißes Wasser nachfüllen, sodass die Zutaten nicht ganz bedeckt sind, sondern noch etwa ½ cm aus der Flüssigkeit ragen. **7** Den Tscholent entweder in tiefen Tellern oder auf einer großen Platte anrichten. Hat man den Tscholent wie auf dem Foto auf Seite 128 in einem schönen gusseisernen Topf gekocht, dann stellt man den Topf in die Mitte des Tisches und schöpft direkt daraus.

STATT DER ROSINEN, CRANBERRIES UND WALNÜSSE EIGNEN SICH AUCH JEGLICHE ANDEREN TROCKENFRÜCHTE UND NÜSSE ZUR DEKORATION.

MAQLUBA
GESTÜRZTER REISTOPF

Maqluba ist ein Eintopf, der in den arabischen Ländern des östlichen Mittelmeers sehr beliebt ist und auch in Israel von Palästinensern wie Israelis gerne gekocht wird. Maqluba verleiht einem Essen eine feierliche Note; es gibt jedoch keinen Grund, es nicht auch mal zwischendurch zu servieren. ♦ *Für Maqluba werden traditionell Reis, Fleisch und Gemüse zusammen in einem Topf gekocht, anschließend auf eine Platte gestürzt und serviert. Die vegetarische Variante verwandelt Maqluba zu einem echten Upgrade, das Eindruck macht und ausgesprochen lecker ist.*

Für 4–6 Personen
- 1 große Aubergine
- grobes Salz
- 1–2 große festkochende Kartoffeln
- 1–2 Karotten
- 1–2 Zwiebeln
- natives Olivenöl
- Meersalz
- 1–2 TL Baharat
- 500 g Basmatireis

Außerdem
- Rosinen
- Cranberries
- Walnüsse

♦ *Statt der Rosinen, Cranberries und Walnüsse eignen sich auch jegliche anderen Trockenfrüchte und Nüsse zur Dekoration.*

1 Die Aubergine putzen, waschen und quer in 1 cm dicke Scheiben schneiden. Diese zum Entwässern auf einem Küchentuch ausbreiten und mit ein wenig grobem Salz bestreuen. Nach etwa 30 Minuten vorsichtig trocken tupfen. **2** Die Kartoffeln schälen und in 1 cm dicke Scheiben schneiden. Die Karotten schälen und in kleine Stifte oder Würfel schneiden. Die Zwiebeln schälen und fein hacken. 1–2 Esslöffel Olivenöl in einer Pfanne erhitzen und die Zwiebeln goldgelb braten. **3** Den Backofen auf 180 Grad vorheizen. **4** Die Auberginen- und Kartoffelscheiben auf ein mit Backpapier ausgelegtes Backblech legen. Mit Olivenöl einpinseln und mit ein wenig Meersalz bestreuen. 20–25 Minuten im heißen Ofen backen, bis die Auberginen eine dunkelbraune Färbung angenommen haben. Herausnehmen und abkühlen lassen. **5** Einen Topf mit einem Durchmesser von etwa 24 cm und nicht zu hohem Rand (wegen des Umstülpens!) mit Olivenöl auspinseln und Boden und Rand mit einer Lage von den Kartoffel- und Auberginenscheiben auslegen. Die restlichen Kartoffel- und Auberginenscheiben, Zwiebeln und Karotten, 1 Teelöffel Meersalz und Baharat mit dem Reis vermischen und vorsichtig so in den Topf füllen, dass die Kartoffel- und Auberginenscheiben am Rand bleiben. Mit 750 ml kochendem Wasser begießen. Den Topf mit einem Deckel verschließen und 30–35 Minuten am Siedepunkt köcheln lassen. Danach den Topf vom Herd nehmen und 30 Minuten zugedeckt ruhen lassen. **6** Zum Anrichten einen großen Servierteller umgedreht auf den offenen Topf legen. Nun den Topf ein wenig rütteln, damit sich auf dem Topfboden Angesetztes löst und den Topfinhalt in einer schnellen Drehung auf den Teller stülpen. Sollten einige Kartoffel- und Auberginenscheiben im Topf geblieben sein, diese mit einem Löffel abnehmen und auf das Maqluba geben. Mit Rosinen, Cranberries und Walnüssen bestreuen.

KAROTTENPÜREE

So wie die meisten Gerichte der israelischen Küche irgendwann einmal von jemandem aus seiner früheren Heimat – sei diese in Afrika, Asien oder Europa – mitgebracht und dann in Israel heimisch wurden, so habe ich dieses Püree mit nach Israel gebracht. Ich bin damit aufgewachsen. Meine liebe Mutter Karin hat diesen fantastischen Eintopf mindestens einmal im Monat zubereitet, und es kam wohl nie vor, dass die riesige Menge, die sie für uns kochte, so lange vorhielt, wie sie es geplant hatte. Egal, wie groß der Topf war, die Menge wurde immer gleich am ersten Tag bis zum Abend vertilgt. Heute koche ich dieses Gericht mindestens einmal im Monat für meine Kinder David und Gabriel. Noch sind sie zu klein, um den Topf am ersten Tag zu leeren. Aber es ist nur noch eine Frage der Zeit, bis auch der größte Topf bei uns nicht mehr reichen wird, damit für den nächsten Tag wirklich etwas übrig bleibt.

Für 6–8 Portionen
- 1½ kg mehligkochende Kartoffeln
- Salz
- 800 g Karotten
- 2 Zwiebeln
- natives Olivenöl
- ¼ TL weißer Pfeffer aus der Mühle
- 100 g Butter, klein gewürfelt
- etwa 200 ml warme Milch
- ¼ TL frisch geriebene Muskatnuss

Außerdem
- pro Person 1–2 Spiegeleier
- nach Belieben: fein gehackte Petersilie, Chiliflocken oder Rosenpaprikapulver

1 Die Kartoffeln schälen und in große Würfel schneiden. Die Karotten schälen und in kleine Stücke schneiden. Die Zwiebeln schälen und fein hacken. **2** Die Kartoffeln in einem großen Topf in Salzwasser (1 TL Salz pro Liter Wasser) sehr weich kochen. In der Zwischenzeit 2–4 Esslöffel Olivenöl in einem zweiten Topf erhitzen und die Zwiebeln bei kleiner Hitze dünsten, bis sie weich sind, ohne Farbe zu nehmen. Die Karotten und 2–3 Esslöffel Wasser dazugeben, mit Salz und weißem Pfeffer würzen und bei geschlossenem Deckel und kleiner Hitze die Karotten sehr weich kochen. **3** Die Kartoffeln am Ende der Garzeit abgießen, ausdampfen lassen und stampfen. Die Butterwürfel, die Hälfte der warmen Milch und Muskat dazugeben und in die Kartoffeln einarbeiten. Die Karotten hinzufügen und unterrühren. Nun die Karotten zum Teil zu Püree so zerstampfen, sodass sie sich mit dem Kartoffelpüree verbinden. Mit Salz abschmecken. Sollte das Püree zu kompakt sein, die restliche Milch (oder auch nur einen Teil davon) hinzufügen. **4** Zum Servieren das Karottenpüree auf die Teller verteilen und jeweils mit einem oder zwei Spiegeleiern krönen. Nach Belieben mit ein wenig fein gehackter Petersilie und einer Messerspitze Chiliflocken oder Rosenpaprika bestreuen.

GROSSE GERICHTE UND **HAUPTSPEISEN**

KUSHARI REISTOPF MIT LINSEN UND NUDELN

Kushari ist ägyptisches Streetfood und stammt aus der Mitte des 19. Jahrhunderts. Die Vielfalt und Reichhaltigkeit der Zutaten zeugt von dem Wohlstand der Bevölkerung, der auch den niederen Schichten bis dahin nicht vorhandene Lebensmittel zugänglich machte. Die Basis ist ein Reistopf mit Linsen und Fadennudeln, begleitet von einer Tomatensauce mit Kichererbsen. Heute findet man Kushari in ganz Ägypten in den Ständen an der Straße oder in darauf spezialisierten Restaurants. Es wird aber auch zu Hause gerne und oft gekocht, und selbst bei Spitzenköchen findet man es im Gourmetgewand oftmals auf der Karte.

Für 4–6 Personen

Für den Reistopf
- 250 g Langkornreis
- Salz
- natives Olivenöl
- 100 g Vermicelli
- 250 g braune/grüne Linsen
- 1 TL Kreuzkümmel, gemahlen

Für die Tomatensauce
- 1–2 Zwiebeln
- 2 Knoblauchzehen
- natives Olivenöl
- 1 Dose Tomatenpolpa (400 g)
- ½ TL Paprikapulver, edelsüß
- ½ TL Rosenpaprikapulver oder Chiliflocken
- ½ TL Baharat
- ½ TL brauner Zucker
- Salz und schwarzer Pfeffer aus der Mühle
- 200 g Kichererbsen (Dose)

Für das Topping
- 3–4 Zwiebeln
- natives Olivenöl
- Salz und schwarzer Pfeffer aus der Mühle

1 Für den Reistopf den Reis mit 3 Tassen Salzwasser (1 TL Salz pro Liter Wasser) zum Kochen bringen und bei geschlossenem Deckel 18–20 Minuten köcheln lassen. Vom Herd nehmen und weitere 15 Minuten im geschlossenen Topf stehen lassen. **2** 2–3 Esslöffel Olivenöl in einer Pfanne erhitzen und die Vermicelli unter Wenden 2–3 Minuten goldgelb braten. **3** Die Linsen in einem Topf mit reichlich Salzwasser (1 TL Salz pro Liter Wasser) und Kreuzkümmel zum Kochen bringen und 25–30 Minuten bissfest kochen. Die gebratenen Nudeln dazugeben und bei geschlossenem Deckel 5–10 Minuten stehen lassen, bis die Nudeln weich sind. Linsen und Nudeln durch ein Sieb abgießen. Reis, Linsen und Nudeln mit einer Gabel vermischen und mit Olivenöl und Salz abschmecken. **4 Für die Sauce** die Zwiebeln schälen und in Ringe schneiden. Die Knoblauchzehen schälen und durch die Knoblauchpresse drücken oder fein hacken. Etwas Olivenöl in einer Pfanne erhitzen und die Zwiebelringe goldgelb anbraten. Den Knoblauch hinzufügen und noch weitere 2–3 Minuten braten. Tomatenpolpa dazugeben und Paprika, Baharat und den braunen Zucker hinzufügen. Mit Salz und Pfeffer abschmecken. Die Tomatensauce aufkochen lassen. Die Kichererbsen durch ein Sieb abgießen, sorgfältig abspülen und dazugeben. Bei kleiner Hitze köcheln lassen, dabei darauf achten, dass die Sauce nicht zu sehr eindickt. **5 Für das Topping** die Zwiebeln schälen, halbieren und in Scheiben schneiden. Reichlich Olivenöl in einer hohen Pfanne erhitzen und die Zwiebeln goldbraun anbraten. Mit Salz und Pfeffer würzen. **6** Den Reistopf auf die Teller verteilen. Nacheinander die Tomatensauce und die gebratenen Zwiebeln darüberlöffeln.

WENN DER KÄSE BEIM BACKEN ZU SCHNELL FARBE ANNIMMT, DIE AUFLAUFFORM AUF EINE UNTERE SCHIENE STELLEN UND GEGEBENENFALLS ZUSÄTZLICH MIT ALUFOLIE ABDECKEN.

HERZHAFTE MOUSSAKA

Es waren die griechischen Einwanderer, die, von Thessaloniki kommend, die Moussaka nach Israel brachten. Ich begegne immer einigen derer Landsleute, wenn ich zum Beten in die kleine Synagoge am Eingang des Tel Aviver Hafens, die griechische Hafenarbeiter gegründet haben, gehe. ♦ Normalerweise wird Moussaka mit Hackfleisch zubereitet und schmeckt vergleichsweise mild. Meine Moussaka ist vegetarisch und wird so scharf gegessen, wie es einem gefällt.

Für 1 etwa 25 x 30 cm große Auflaufform bzw. für 6–8 Personen
- 2–3 Auberginen
- 4–6 große Kartoffeln
- Salz, fein und grob
- natives Olivenöl
- schwarzer Pfeffer aus der Mühle
- 200 g geriebener Käse nach Belieben

Für die Béchamelsauce
- 30 g Butter
- 30 g Mehl
- 500 ml Milch, zimmerwarm
- ⅛ TL frisch geriebene Muskatnuss
- Salz aus der Mühle

Für die Tomatensauce
- ½ Portion Madbucha (Rezept Seite 18)

1 Den Backofen auf 180 Grad vorheizen. **2** Die Auberginen waschen, den Stielansatz entfernen und längs in 1 cm dicke Scheiben schneiden. Die Kartoffeln waschen und in Salzwasser (1 TL Salz pro Liter Wasser) bis kurz vor dem Garpunkt kochen, abgießen und abkühlen lassen. **3** Die Auberginenscheiben auf ein mit Backpapier ausgelegtes Backblech legen. Mit grobem Salz bestreuen und 30–40 Minuten Wasser ziehen lassen. Mit Küchenpapier oder einem Küchenhandtuch abtupfen, beidseitig mit Olivenöl einpinseln und mit Salz und Pfeffer würzen. Im heißen Ofen 10–15 Minuten backen, bis die Auberginen dunkelbraun sind. Die Auberginen nun wenden und von der anderen Seite 5–10 Minuten backen, bis auch diese Seite dunkelbraun ist. **4** Nun **die Béchamelsauce** vorbereiten. Dazu die Butter in einem Topf bei kleiner Hitze schmelzen lassen und das Mehl mit einem Schneebesen einige Minuten einrühren. Darauf achten, dass das Mehl keine Farbe nimmt. Den Topf vom Herd nehmen und die Milch unter ständigem Rühren in den Topf geben. Den Topf zurück auf die Herdplatte stellen und bei mittlerer Hitze unter ständigem Rühren, damit keine Klümpchen entstehen, aufkochen lassen und bei kleiner Hitze 5 Minuten köcheln lassen, dabei gelegentlich umrühren. Mit Muskat und Salz würzen. **5** Den Backofen wieder auf 180 Grad vorheizen. Die Auflaufform mit Olivenöl einpinseln. Eine Lage Kartoffeln gleichmäßig auf dem Boden verteilen. Darüber nacheinander Béchamelsauce, eine Lage Auberginen und Madbucha geben. In der Reihenfolge weiter verfahren, bis die einzelnen Komponenten aufgebraucht sind. Die letzte Schicht sollte Béchamelsauce oder Madbucha sein. Den geriebenen Käse darauf verteilen, etwas Olivenöl darüberträufeln und 35–45 Minuten backen, bis die Moussaka in der Auflaufform brodelt und der Käse eine goldgelbe Farbe annimmt. Vor dem Aufschneiden und Servieren die Moussaka mindestens 30 Minuten ruhen und auskühlen lassen.

JERUSALEM-ARTISCHOCKEN
IN TOMATENSAUCE

Jerusalem-Artischocken haben es mir einfach angetan, schon allein wegen des Namens. Dabei ist die Jerusalem-Artischocke eigentlich keine Artischocke, sondern die Wurzel eines Gewächses der Gattung der Sonnenblume; man findet sie im Supermarkt unter dem Namen Topinambur. Ob als Püree, Creme, Suppe, frisch, gebacken, frittiert oder in einem Gericht gekocht, ich finde immer wieder eine neue Verwendung für sie.

Für 4–6 Personen
- 1–1 ½ kg Jerusalem-Artischocken
- 4–6 Knoblauchzehen
- natives Olivenöl
- Salz
- 1–2 Dosen Tomatenpolpa à 400 g
- schwarzer Pfeffer aus der Mühle
- 3–4 Thymianzweige

Außerdem
- 15–25 Kirschtomaten
- 500 g Ptitim, alternativ Kritharaki/Orzo oder Basmatireis, nach Packungsanleitung zubereitet
- natives Olivenöl
- einige Blätter junger Kopfsalat

1 Den Backofen auf 180 Grad vorheizen. **2** Die Jerusalem-Artischocken schälen und in 3–4 cm große Stücke schneiden (besonders dicke Knollen längs halbieren oder in Viertel schneiden). Die Knoblauchzehen schälen und durch die Knoblauchpresse drücken oder fein hacken. **3** Die Jerusalem-Artischocken in Olivenöl schwenken und salzen. In eine Auflaufform füllen, die groß genug ist, dass die Artischocken nicht mehrschichtig liegen, und im heißen Ofen 30–40 Minuten goldbraun backen, dabei mehrfach wenden und dafür sorgen, dass sie immer ein wenig mit Olivenöl überzogen sind. **4** Die Tomatenpolpa in einer Schüssel mit dem Knoblauch sowie Salz und Pfeffer würzen. Die Thymianzweige dazugeben und die Polpa über die gebackenen Topinamburen gießen. Das Ganze gut miteinander vermengen und 15–25 Minuten weiterbacken, bis die Tomatensauce etwas eingedickt ist. Gelegentlich nochmals vorsichtig wenden, dabei darauf achten, dass die Topinamburen oder Topinamburstücke ganz bleiben. Anschließend die Thymianzweige entfernen. **5** In der Zwischenzeit die Kirschtomaten mit Olivenöl einreiben (am besten füllt man dazu die Tomaten in eine Schüssel und wendet sie in Olivenöl). Ein Backblech mit Backpapier auslegen und die Kirschtomaten im bereits vorgeheizten Ofen 10–15 Minuten backen, bis sie leicht schrumpelig werden. **6** Einige Blätter Kopfsalat auf dem Teller ausbreiten, Ptitim daraufgeben und darauf die Jerusalem-Artischocken in Tomatensauce anrichten. Ein paar gebackene Kirschtomaten darüber verteilen und mit etwas Olivenöl beträufeln.

ZUM SCHLUSS
NOCH ETWAS **SÜSSES**

FEIGENCROSTATA
MIT MANDELCREME

Crostata ist ein italienisches Gebäck, das immer aus Mürbeteig hergestellt wird und das sowohl salzig als auch süß belegt werden kann. Jede Region und jede Familie hat ihr eigenes Rezept. ♦ Diese Crostata eignet sich gut für Backeinsteiger, denn sie ist ein wenig grob gefertigt und hat deshalb einen, wie ich meine, besonderen Charme. Der zarte Mürbeteig behält bei diesem Rezept seine Dominanz, selbst wenn die Füllung noch so üppig ist. In diesem Fall habe ich mich für eine Mandelcreme und frische Feigen entschieden.

Für den Mürbeteig
- 175 g Weizenmehl Type 405
- 125 g sehr kalte Butter, klein gewürfelt
- 50 g Zucker
- ⅛ TL Salz
- ¼ TL Vanilleextrakt

Für die Mandelcreme
- 50 g gemahlene Mandeln
- 50 g Zucker
- 1 Ei
- 50 g Butter, zimmerwarm
- 1 EL Amaretto

Außerdem
- 3–5 Feigen
- 1 Ei, verquirlt

1 Für den Mürbeteig Mehl, Butter, Zucker und Salz in der Rührschüssel einer Küchenmaschine auf Pulse-Funktion vermengen, bis Streusel entstehen. Den Vanilleextrakt und 2 Esslöffel eiskaltes Wasser nach und nach unter Rühren einarbeiten. Den Teig herausnehmen und zu einer Kugel formen. In Klarsichtfolie wickeln und mindestens 1 Stunde im Kühlschrank ruhen lassen. **2 Für die Mandelcreme** sämtliche genannten Zutaten zu einer glatten Creme verrühren. **3** Einen großen Bogen Backpapier auf eine Arbeitsfläche legen. Den Mürbeteig aus dem Kühlschrank nehmen und auf die Mitte des Backpapiers legen. Mit der Hand leicht flach drücken und mit einem Nudelholz zu einer Scheibe von etwa 30 cm Durchmesser ausrollen. Das Backpapier an den überstehenden Enden hochheben und auf dem Backblech absetzen. Die Mandelcreme in der Mitte des Teiges verteilen und dabei etwa 5 cm Rand frei lassen. Die Feigen in Viertel oder Sechstel schneiden und auf der Creme dekorativ anordnen. Den Teigrand nach innen über die Füllung und die Feigen schlagen. **4** Den Backofen auf 180 Grad vorheizen. **5** Die Teigoberfläche der Crostata mit verquirltem Ei einpinseln. Das Backblech auf der mittleren Schiene in den heißen Ofen schieben und die Crostata 40–50 Minuten backen, bis die Füllung brodelt und der Teig goldbraun ist. Die Crostata herausnehmen, abkühlen lassen, in Stücke schneiden und nach Belieben mit einer Kugel Vanilleeis oder Schlagsahne servieren.

♦ *Die Crostata lässt sich auch mit anderen Früchten der Saison belegen; und es bedarf nicht zwingend einer Mandel- oder anderen Creme als der verbindenden Masse. Es genügt auch: den Teig herstellen, mit Früchten belegen – fertig!*

GRIESSKUCHEN
OHNE MEHL

Safra ist ein Grießkuchen, der aus Libyen oder Tunesien stammt und von den Juden aus diesen Ländern nach Israel gebracht wurde. Zum Glück für mich, denn wahrscheinlich hätte ich diesen tollen Kuchen sonst nicht kennengelernt. ♦ *Schon in meinem Buch »So schmeckt Israel« habe ich einen Grießkuchen vorgestellt. Safra unterscheidet sich von diesem vor allem dadurch, dass er nur aus Grieß besteht und dadurch fester und schwerer ist.* ♦ *Safra ist sehr süß. Gerne trinkt man dazu ein Glas türkischen Kaffee oder Tee mit Nanaminze.*

Für eine 20 x 30 cm große Backform
- 1 kg Grieß
- 250 g Zucker
- 1 Tütchen Backpulver
- 250 ml Orangensaft
- 350 ml Sonnenblumenöl
- 1 TL Vanilleextrakt
- etwa 20 Mandelhälften

Für den Sirup
- 600 g Zucker
- Zesten und Saft von 1 Biozitrone

Außerdem
- Butter für die Form

1 Den Backofen auf 180 Grad vorheizen. **2** Grieß, Zucker, Backpulver, Orangensaft, Sonnenblumenöl und Vanilleextrakt in eine Rührschüssel geben und mit den Knethaken des Handrührgeräts bei niedriger Geschwindigkeit verrühren. Nach und nach etwa 250 ml lauwarmes Wasser hinzufügen, bis die Konsistenz feucht-klebrig ist. Gegebenenfalls weiteres Wasser hinzufügen. **3** Die Masse in die großzügig mit Butter ausgestrichene Backform geben und auf der Oberfläche die Mandelhälften verteilen. Den Kuchen in den heißen Ofen geben und 30–35 Minuten goldbraun backen. **4 Für den Sirup** den Zucker sowie Zesten und Saft der Zitrone zusammen mit 600 ml Wasser in einen Topf geben und zum Kochen bringen. Bei kleiner Hitze 20–25 Minuten kochen lassen, bis der Sirup Farbe und Konsistenz von flüssigem Honig hat. Die Zesten entfernen, indem man den Sirup durch ein Sieb laufen lässt. **5** Wenn der Kuchen fertig ist, die Form aus dem Ofen nehmen und den Sirup nach und nach darüber verteilen. Mindestens 30 Minuten ziehen lassen, bevor der Kuchen in Stücke (vorzugsweise Rauten) geschnitten und serviert wird.

BAKLAVA LÄSST SICH, KÜHL GESTELLT, IN EINER GESCHLOSSENEN DOSE EIN BIS ZWEI WOCHEN AUFBEWAHREN.

BAKLAVA SCHOKOLADEN-NUSS-FILOGEBÄCK

Baklava ist eine berühmte Süßigkeit aus den Ländern des früheren Osmanischen Reiches, die in Israel seit jeher geschätzt wird und in traditioneller Form in orientalischen Restaurants unverändert produziert wird, während andere Chefköche sich als Hommage an Baklava neue Kreationen einfallen lassen. In Filoteig werden gehackte Nüsse gebacken, die mit süßem Zuckersirup getränkt werden. Inspiriert von diesem Naschwerk habe ich die Füllung der Baklava um Schokolade bereichert und dagegen die Menge des Zuckersirups reduziert. Trotzdem schmeckt dieses Naschwerk ebenso süß wie lecker. Dazu passt am besten eine Tasse türkischer Kaffee ohne Zucker oder eine Tasse schwarzer Tee – ungezuckert versteht sich.

Ergibt etwa 30 Stück
- 9 Filoteigblätter à 30 x 31 cm
- 100 g geschmolzene Butter

Für die Füllung
- 150 g Schokolade (70 % Kakao), fein gehackt
- 150 g Pistazienkerne, geröstet und gehackt
- 150 g Walnüsse, geröstet und gehackt

Für den Sirup
- 150 g Zucker
- 100 g Honig
- 100 ml Orangensaft

◆ *Man kann auch andere Nüsse als die empfohlenen verwenden. Und wer mag, kann die Füllung mit etwas gemahlenem Kardamom oder Zimtpulver würzen. Um zu verhindern, dass der Filoteig während der Arbeitsvorgänge austrocknet, deckt man ihn mit einem feuchten Küchentuch ab.*

1 Zuerst die Zutaten **für die Füllung** vermischen. **2** Den Backofen auf 180 Grad vorheizen. **3** Die einzelnen Filoteigblätter mit der geschmolzenen Butter einpinseln und jeweils drei Blätter exakt übereinanderlegen. Von einer kurzen Seite des dreifachen Filoteigblatts ein Drittel der Füllung gleichmäßig bis 2–3 cm vor die anderen drei Ränder verteilen. Das Blatt von der Füllungsseite her eng aufrollen und auf ein mit Backpapier ausgelegtes Backblech legen. Diesen Vorgang noch zweimal wiederholen. Die Baklava 15–20 Minuten im heißen Ofen goldgelb und knusprig backen. **4** In der Zwischenzeit **für den Sirup** Zucker und Honig zusammen mit 100 ml Wasser in einem Topf bei kleiner Hitze erwärmen und so lange rühren, bis sich der Zucker aufgelöst hat. Die Mischung aufkochen lassen, anschließend bei kleiner Hitze etwa 15 Minuten zu einem Sirup einkochen lassen. Vom Herd nehmen und den Orangensaft unterrühren. **5** Wenn die Baklava aus dem Ofen kommt, 5 Minuten warten und dann den Sirup in mehreren Intervallen über die Baklavarollen gießen. 1–3 Stunden auskühlen und den Sirup ziehen lassen. Die »leeren« Endstücke abschneiden und anschließend den gefüllten Teil in etwa 3 cm dicke Stücke schneiden.

WEINTRAUBENKUCHEN

Dieser Kuchen ist eine Spezialität italienischer Juden. Er gehörte zu ihrem kulinarischen Gepäck auf dem Weg nach Israel. Traditionell wird er zur Weinernte gebacken. Die Weinernte beginnt in Israel bereits im Mai und dauert bis in den Herbst, sodass man den Kuchen hier fast immer genießen kann. Der Teig besteht aus Olivenöl, gemahlenen Mandeln, Polenta und Mehl. Auf ihm werden blauschwarze Trauben verteilt. Man kann den Kuchen auch mit anderen Früchten, z. B. Sauerkirschen, variieren.

Für eine 25 x 25 cm große Backform
- 200 g blauschwarze Weintrauben, vorzugsweise kernlos
- 2 Eier
- 150 g Zucker
- feine Zesten von ½ Biozitrone
- 100 ml mildes natives Olivenöl
- 120 g Weizenmehl Type 405
- 50 g gemahlene Mandeln
- 50 g Polenta
- ½ Päckchen Backpulver
- ½ TL Salz
- 100 ml Traubensaft, alternativ Milch

Außerdem
- Butter für die Form
- Puderzucker

1 Den Backofen auf 180 Grad vorheizen. **2** Die Weintrauben waschen und trocken tupfen. Eier, Zucker und Zitronenzesten in der Rührschüssel der Küchenmaschine schaumig rühren und das Olivenöl langsam bei laufendem Gerät dazugeben. In einer zweiten Schüssel Mehl, Mandeln, Polenta, Backpulver und Salz vermengen. Die Mehlmischung in drei Portionen unter Rühren in die Eiermischung einarbeiten und den Traubensaft langsam hinzufügen. **3** Die Backform mit Butter ausstreichen. Die Masse einfüllen und die Hälfte der Weintrauben darüber verteilen. Im heißen Ofen 15 Minuten backen. Die Form herausnehmen und die zweite Hälfte der Trauben darauf verteilen. Die Form wieder in den heißen Ofen geben und den Kuchen weitere 20–25 Minuten goldbraun backen. Der Kuchen ist fertig, wenn beim Hineinstechen mit einem Holzstäbchen kein Teig mehr daran hängen bleibt. Den Kuchen aus dem Ofen nehmen, mindestens 15 Minuten auskühlen lassen und mit Puderzucker bestäuben.

RUGELACH HEFEHÖRNCHEN MIT NUTELLAFÜLLUNG

Rugelach ist das jiddische Wort für ein Gebäck aus dem aschkenasischen Raum, vermutlich aus dem Schtetl, das es leider seit der Schoah nicht mehr gibt. Heute sind Rugelach das wohl am meisten verzehrte süße Gebäck in Israel. Sie kosten nur einen halben Schekel (etwa 10 Cent). Zumeist werden sie im Karton zu 20 bis 40 Stück verkauft. Wer einmal einen Rugelach probiert hat, wird von dieser Köstlichkeit nicht mehr loskommen. Rugelach sind gut vorzubereiten, sie lassen sich mit allem füllen, was sich aufstreichen lässt, und sie schmecken einfach großartig.

Ergibt 16 Stück
Für die Rugelach
- 160 ml warme Milch
- 50 g Zucker
- 1 Päckchen Trockenhefe
- 500 g Weizenmehl Type 405
- ¼ TL Salz
- 3 Eier, verquirlt
- 100 g weiche Butter, klein gewürfelt
- 50 g Butterkekse
- 300 g Nutella

Für den Sirup
- 100 g Zucker

1 Für die Rugelach Milch, Zucker, Hefe und 2 Esslöffel Mehl in der Rührschüssel einer Küchenmaschine verrühren und 5 Minuten ruhen lassen. Das restliche Mehl, Salz und 2 verquirlte Eier dazugeben und 5 Minuten mit den Knethaken der Küchenmaschine kneten. Die Butter hinzufügen und weitere 5 Minuten kneten. Die Schüssel mit einem Küchentuch abdecken und an einen warmen und zugfreien Ort stellen. Den Teig etwa 1 Stunde gehen lassen, bis sich sein Volumen verdoppelt hat. Die Luft durch Kneten mit der Hand aus dem Teig pressen und diesen nochmals 1 Stunde gehen lassen. **2** Die Butterkekse in der Küchenmaschine zu Krümeln mahlen. Den Teig halbieren. Eine Teighälfte auf einer mit Mehl bestäubten Arbeitsfläche wie einen Pizzateig etwa 3 mm dick ausrollen. Nutella darauf verstreichen und mit der Hälfte der Kekskrümel bestreuen. Mit der zweiten Teighälfte ebenso verfahren. Die Teigkreise mit einem Messer oder Teigrädchen in jeweils acht Tortenstücke teilen und die Teigdreiecke wie ein Croissant oder ein Hörnchen aufrollen. Die Rugelach mit jeweils etwa 5 cm Abstand auf ein mit Backpapier ausgelegtes Backblech legen und weitere 45 Minuten gehen lassen. **3** Den Backofen auf 170 Grad vorheizen. Die Rugelach mit dem restlichen verquirlten Ei vorsichtig einpinseln und 15–20 Minuten goldbraun backen. **4 Für den Sirup** den Zucker mit 50 ml Wasser zum Kochen bringen und 5 Minuten bei kleiner Hitze köcheln lassen. **5** Wenn die Rugelach heiß aus dem Ofen kommen, mit Sirup einpinseln und ein wenig oder ganz auskühlen lassen, je nachdem, ob man sie lieber noch warm oder kalt isst.

OFFENE APFELPIE

Apfelstreuselkuchen und Apfelstrudel esse ich in deutschen Cafés am liebsten. Diese offene Apfelpie ist eine Hommage an die betörenden Aromen dieser deutschen und österreichischen Spezialitäten. Die Pie lässt sich gut in ihre Bestandteile zerlegen; auf diese Weise bieten sich besonders elegante Servierformen.

Für 4–6 Personen
- 3–4 Äpfel
- 50 g kalte Butter, klein gewürfelt
- 30 g brauner Zucker
- 1 Prise Salz
- 1 Spritzer Zitronensaft
- ⅛ TL Zimtpulver

Für die Vanillesauce
- 1 Vanilleschote oder 1 TL Vanilleextrakt
- 500 ml Milch
- 1 Eigelb
- 15 g Maisstärke
- 70 g Zucker

Für die Gewürzstreusel
- 150 g Weizenmehl Type 405
- 120 g brauner Zucker
- ½ TL Zimtpulver
- ¼ TL frisch geriebene Muskatnuss
- ⅛ TL Cayennepfeffer
- 1 TL Salz
- 120 g kalte Butter, klein gewürfelt

Außerdem
- Vanilleeis bester Qualität

1 Die Äpfel schälen, entkernen und in kleine Würfel schneiden. Die Apfelwürfel zusammen mit den restlichen genannten Zutaten und 3 Esslöffeln Wasser in einem kleinen Topf erhitzen und bei kleiner Hitze 15–20 Minuten köcheln lassen, bis sich die Flüssigkeit sirupartig reduziert hat und die Äpfel weich sind, aber die Form behalten haben. **2 Für die Vanillesauce** die Vanilleschote längs aufschlitzen und das Mark herauskratzen. Die Milch mit der Vanilleschote und dem Vanillemark bis zum Siedepunkt erhitzen, vom Herd nehmen und 5 Minuten ziehen lassen. (Wenn man Vanilleextrakt verwendet, braucht man die Zeit zum Ziehen nicht einzukalkulieren, man sollte die Milch jedoch ein paar Minuten abkühlen lassen.) **3** Die restlichen Zutaten in einer kleinen Schüssel zu einer glatten Mischung verrühren. Ein wenig von der heißen Milch unter Rühren dazugeben (um auf diese Weise die Temperatur der Mischung anzugleichen). Nun die Mischung in die heiße Milch einrühren und unter weiterem ständigem Rühren bei kleiner Hitze zum Kochen bringen. Vom Herd nehmen, auskühlen lassen und bis zur weiteren Verwendung in den Kühlschrank stellen.
4 Für die Gewürzstreusel den Backofen auf 170 Grad vorheizen. Aus den genannten Zutaten in der Rührschüssel einer Küchenmaschine Streusel herstellen. Die Masse auf ein mit Backpapier ausgelegtes Backblech verteilen und 15–20 Minuten goldbraun backen, dabei einmal wenden. **5** Äpfel, Vanillesauce, Gewürzstreusel und eine Kugel Vanilleeis auf den Tellern anrichten, dabei darauf achten, dass Streusel und Vanillesauce getrennt liegen, damit die Streusel knusprig bleiben.

KARDAMOMTRÜFFELN

In den vergangenen Jahren wurde ich zu einer Reihe von Veranstaltungen mit Sterneköchen und in Sternerestaurants in Deutschland eingeladen. Bei dem Event mit Herbert Brockel im Husarenquartier in meiner Heimatstadt Erftstadt machte besonders dieses Rezept den erfahrenen Koch neugierig, und es hat ihn später am meisten begeistert. ◆ Früher habe ich bei Trüffeln die Sahne durch Kokoscreme ersetzt, weil sie so nach den Kashrut, den Speisegesetzen des Judentums, parve, also neutral sind und nach einem Essen mit Fleisch gegessen werden dürfen. Mittlerweile bereite ich sie so auch dann zu, wenn »milchig gekocht« wird und es keinen besonderen Grund gibt – außer dass sie hinreißend schmecken.

Für 50–60 Trüffeln
- 400 g Kokoscreme
- 5–8 Kardamomkapseln
- 550 g Schokolade (70 % Kakao), in kleine Stücke gebrochen
- Salz
- Kakao (schwach entölt)

◆ *Indem man den Kardamom in der Kokoscreme nur ziehen lässt, wird das Kardamomaroma sehr mild bis flüchtig. Wer es kräftig bis intensiv lieber mag, der kann die Kardamomkapseln aufbrechen, die Samen in einem Mörser zermahlen und dieses Pulver nach Geschmack in die Kokoscreme geben. In diesem Fall erübrigt sich das Heißhalten der Kokoscreme im ersten Zubereitungsschritt.*

1 Die Kokoscreme mit den Kardamomkapseln in einem Topf zum Sieden bringen. Nun die Creme knapp unter dem Siedepunkt etwa 10 Minuten halten, damit sich das Aroma des Kardamoms entfalten kann. Die Kapseln herausnehmen. **2** Die Schokoladenstücke in eine Schüssel geben, 1 Prise Salz hinzufügen und die Kokoscreme darübergießen. Nach 1 Minute mit einem Schneebesen so lange rühren, bis eine einheitliche Mischung entsteht. Die Mischung in den Kühlschrank stellen und mindestens 5 Stunden völlig auskühlen und fest werden lassen. Anschließend mit einem Teelöffel kleine Portionen abnehmen, zu Kugeln rollen und in Kakao wälzen. Oder mit zwei Teelöffeln ovale Formen rollen und in Kakao wälzen. Vor dem Servieren noch einmal kalt stellen.

DIE TRÜFFELN HALTEN SICH IN EINER GESCHLOSSENEN DOSE IM KÜHLSCHRANK BIS ZU ZWEI WOCHEN UND KÖNNEN AUCH EINGEFROREN WERDEN. TRÜFFELN NICHT ÜBEREINANDER, SONDERN IMMER NUR NEBENEINANDER LEGEN.

MALABI ROSENCREME-PUDDING MIT WALDBEER-COULIS

Malabi ist eines der beliebtesten Desserts in Israel, das den jüdischen Einwanderern aus dem Balkan zugeschrieben wird. Man kann es im Sommer kalt aus dem Kühlschrank und im Winter lauwarm genießen.

Für 6–8 Personen
Für das Malabi
- 1 l Milch
- 85 g Maisstärke
- 3 TL Rosenwasser
- 250 g Sahne (Rahm)
- 100 g Zucker

Für das Coulis
- 200 g Waldbeeren, möglichst von einer Farbe
- 100 g Zucker
- 1 TL Vanilleextrakt
- Saft von ½ Zitrone

◆ Statt mit Waldbeeren kann man das Coulis auch mit Erdbeeren, Brombeeren oder Himbeeren zubereiten. Häufig wird es schlicht mit Fruchtsirup gereicht, vor allem, wenn keine frischen Früchte zur Verfügung stehen. Gerne werden darauf geröstete Kokosraspel oder gehackte Erdnüsse gestreut.

1 Für das Malabi 250 ml der Milch mit der Maisstärke und dem Rosenwasser zu einer glatten Mischung verrühren. Die restliche Milch und die Sahne zusammen mit dem Zucker in einem Topf zum Kochen bringen. Vom Herd nehmen und die Maisstärke-Mischung mit dem Schneebesen in die heiße Milch einrühren. Den Topf wieder auf die Herdplatte stellen und das Ganze bei kleiner Hitze 2–3 Minuten unter Rühren köcheln lassen. **2** Nun das Malabi in dekorative Gläser gießen und in den Kühlschrank stellen. Beim Abkühlen bekommt es die Konsistenz eines Puddings. Alternativ das Malabi bis zu Zimmertemperatur im Topf auskühlen lassen, dabei alle 5–10 Minuten umrühren, und erst dann in den Kühlschrank stellen oder sofort lauwarm (so mag ich es am liebsten) servieren. Das Malabi bleibt auf diese Weise cremig. Zum Servieren in schöne Gläser füllen. **3 Für das Coulis** sämtliche Zutaten (einige Beeren zum Dekorieren beiseitelegen) mit dem Stabmixer pürieren. Die Masse in einem kleinen Topf 3 Minuten aufkochen lassen, anschließend durch ein Sieb streichen und beiseitestellen. **4** Eine Portion Coulis auf das Malabi geben und mit einigen Beeren dekorieren.

WEISSE SCHOKOLADENMOUSSE
MIT FRÜCHTEN DER SAISON

Zartschmelzende weiße Schokolade, erfrischende Joghurtaromen und süße Früchte: ein einzigartiges Geschmackserlebnis!

Für 6–8 Personen
- 100 g weiße Schokolade
- 250 g Sahne (Rahm)
- Mark von ½ Vanilleschote oder ½ TL Vanilleextrakt
- 30 g Zucker
- 250 g griechischer Joghurt

Außerdem
- Waldbeeren
- und/oder Granatapfelkerne
- und/oder Passionsfruchtfleisch
- und/oder anderes Obst der Saison
- und/oder einige kleine Nanaminzeblätter

1 Am Vortag die weiße Schokolade in kleine Stücke brechen und mit der Sahne und dem Vanillemark sowie der ausgekratzten Schote in einer Bain-Marie oder über einem Wasserbad erhitzen. Wenn die Schokolade zu schmelzen beginnt, mit einem Schneebesen rühren, bis die Masse ganz glatt ist. Abkühlen lassen und die Vanilleschote entfernen. Das Gefäß abdecken und die Masse über Nacht im Kühlschrank ziehen lassen. **2** Am nächsten Tag die Masse aus dem Kühlschrank nehmen. Den Zucker hinzufügen (sollten Sie sich für den Vanilleextrakt entschieden haben, diesen nun dazugeben) und die Schokosahne mit dem Handrührgerät oder in der Küchenmaschine schaumig schlagen, bis die Sahne eine feste Konsistenz hat. Nun den Joghurt portionsweise unterheben, bis eine glatte Mousse entstanden ist. **3** Die Mousse auf Dessertgläser verteilen und mit Früchten nach Belieben belegen und/oder mit Nanaminzeblättern bestreuen.

♦ *Die Vanilleschote abspülen und trocknen lassen. Sie lässt sich wieder verwenden (z. B. in einem Zuckerglas, um daraus Vanillezucker herzustellen).*

♦ *Wenn festere Früchte verwendet werden, empfiehlt es sich, diese sehr klein zu schneiden und sie eventuell einige Zeit vorher als Obstsalat anzusetzen, damit sie nicht zu viel Biss haben; dieser nämlich würde mit dem weichen Mus nicht harmonieren.*

KANDIERTE PEKANNÜSSE SIND IN ISRAEL SEHR BELIEBT UND WERDEN ALS »CHINESISCHE PEKANNÜSSE« IM SUPERMARKT ANGEBOTEN. NUR WENIGE WISSEN, WIE MAN SIE SELBER MACHT.

HALWA-CREME MIT KADAIFI-CRUNCH UND KANDIERTEN PEKANNÜSSEN

Ein Nachtisch, bei dem eine besondere Creme mit dem nussigen Aroma des Halwa von knusprigen, crunchigen Toppings gekrönt wird. Ein Dessert zum Verwöhnen! Der Kadaifi-Crunch und die kandierten Pekannüsse eignen sich auch zum kreativen Einsatz in anderen Gerichten.

Für 4–6 Personen
Für die Halwa-Creme
- 200 g Halwa, mit den Fingern fein zerbröselt
- 250 g Sahne (Rahm)

Für den Kadaifi-Crunch
- etwa 200 g Kadaifi-Teig
- 50 g geschmolzene Butter
- 50 g Puderzucker

Für die kandierten Pekannüsse
- 300 g Zucker
- 150 g Pekannüsse

Außerdem
- 1 l Frittieröl

♦ *Kadaifi sind sehr dünne Teigfäden, aus denen in der orientalischen Küche Süßwaren und Desserts hergestellt werden. Kadaifi-Teig gibt es als in Folie eingeschweißtes Fertigprodukt in türkischen Lebensmittelgeschäften (dort findet man ihn im Kühlregal unter dem Namen »Kadayif«).*

1 Für die Halwa-Creme die Sahne mit dem Handrührgerät oder in der Küchenmaschine steif schlagen und das zerbröselte Halwa portionsweise vorsichtig unterheben. **2 Für den Kadaifi-Crunch** den Backofen auf 180 Grad vorheizen. **3** Den Kadaifi-Teig auf einem mit Backpapier ausgelegten Backblech mit den Fingern grob zerpflücken. Die Butter tropfenweise über den Teig geben und dabei den Teig immer wieder wenden und zerpflücken, damit die feinen Teigfäden nicht verklumpen. Zum Schluss den Puderzucker durch ein Sieb streichen und auf dem Teig gleichmäßig verteilen. Das Blech mit dem Teig in den heißen Ofen schieben. 10–15 Minuten backen, bis die Kadaifi-Fäden gleichmäßig goldbraun sind. Dazu während des Backens den Teig zwei- bis dreimal wenden und auflockern. Das Blech aus dem Ofen nehmen und die Kadaifi-Fäden sehr gut auskühlen lassen. Anschließend die Fäden mit den Fingern fein zu crunchigen Streuseln zerbröseln. **4 Für die kandierten Pekannüsse** 250 ml Wasser mit dem Zucker in einem Topf zum Kochen bringen. Die Pekannüsse hinzufügen und 10–15 Minuten bei kleiner Hitze kochen lassen, bis sich die Pekannüsse mit dem Sirup vollgesogen haben. Die Pekannüsse mit einem Schaumlöffel herausnehmen oder den Topfinhalt durch ein Sieb abgießen. **5** Das Frittieröl auf 170 Grad erhitzen und die Pekannüsse in kleinen Portionen dunkelbraun frittieren. Mit einem Schaumlöffel herausnehmen und auf Backpapier auskühlen lassen. Die Pekannüsse in einer luftdichten Dose bei Zimmertemperatur aufbewahren. **6** Die Creme auf Dessertschalen oder in Gläser verteilen. Mit dem Kadaifi-Crunch bestreuen und mit den Pekannüssen dekorieren.

TAHINI-EIS
IM KADAIFI-NEST

Dieses Dessert klingt nicht nur nach etwas Besonderem. Es ist etwas Besonderes. Es sieht toll aus und schmeckt vor allem unverschämt gut. Dabei ist die Herstellung vergleichsweise einfach. Insbesondere das Tahini-Eis lässt sich im Handumdrehen herstellen – und das ohne Eismaschine. Wer sich also die Arbeit mit den Kadaifi-Nestern sparen möchte, kann den einfacheren Weg wählen und nur das Eis machen. Es schmeckt großartig.

Für etwa 18 Portionen
Für das Tahini-Eis
- 500 g kalte Sahne (Rahm)
- 400 ml kalte gezuckerte Kondensmilch
- 200 g Tahini
- 1 TL Vanilleextrakt

Für die Kadaifi-Nester
- etwa 200 g Kadaifi-Teig
- 100 g heiße, geschmolzene Butter
- 50 g Puderzucker

Außerdem
- Tahini
- Silan (Dattelhonig), flüssiger Honig oder Ahornsirup
- 50–100 g Pistazien, leicht geröstet und gehackt

1 Für das Eis die Sahne in der Küchenmaschine oder mit dem Handrührgerät steif schlagen. Anschließend auf kleiner Stufe zuerst die Kondensmilch und dann Tahini und Vanilleextrakt unterrühren. Diese Masse in einer Plastikschüssel oder -dose über Nacht ins Tiefkühlfach stellen. **2 Für die Kadaifi-Nester** den Backofen auf 165 Grad vorheizen. **3** Den Kadaifi-Teig mit den Fingern auseinanderzupfen und portionsweise mit der heißen, geschmolzenen Butter beträufeln, dabei immer wieder die Teigfäden mit den Händen mischen und auflockern, damit sie nicht durch die Butter verklumpen. **4** Kleine Portionen Kadaifi auf Muffinformen verteilen und in ihnen ausbreiten. Das Kadaifi soll einerseits in der Form eine recht geschlossene Form bilden, die später das Eis hält. Es soll aber durchaus auch ein wenig unordentlich über die Form hinausfallen. Gerade dies macht später den Charme aus. **5** Die Nester mit Puderzucker bestreuen und die Muffinformen für 8–12 Minuten auf der untersten Schiene in den heißen Ofen schieben. Dabei unbedingt alle 2–3 Minuten kontrollieren, damit die dünnen Teigfäden nicht verbrennen. Gegebenenfalls die Formen auf eine untere Schiene stellen oder mit Alufolie abdecken. **6** Die Muffinformen herausnehmen und die Nester abkühlen lassen. **7** Jeweils eine Kugel Eis pro Nest portionieren und das Nest mit dem Eis auf den Teller, in den Becher oder auf ein Schälchen geben und jeweils mit etwas Tahini und Silan, Honig oder Ahornsirup beträufeln. Mit Pistazien bestreuen.

♦ *Die Kadaifi-Nester lassen sich in einer geschlossenen Dose bis zu zwei Wochen aufbewahren.*

SAFTIGER SCHOKOLADENKUCHEN
MIT TAHINI-GANACHE

Ganache ist eine Creme aus Sahne (Rahm) und Kuvertüre. Da ich koscher esse, habe ich die Sahne oftmals durch Kokoscreme ersetzt – bis ich die glänzende Idee hatte, für eine Ganache Tahini zu verwenden. Entstanden ist das leckerste Superfood der Welt.

Für 1 Springform
mit 24 cm Durchmesser
Für den Schokoladenkuchen
- 240 ml Sonnenblumenöl
- 2 Eier
- 280 g Weizenmehl Type 405
- 500 g Zucker
- 1 Päckchen Backpulver
- 1 Prise Salz
- 140 g Kakao (schwach entölt)

Für die Tahini-Ganache
- 200 g Schokolade (70 % Kakao)
- 1 Msp. Salz
- ½ TL Vanilleextrakt
- 150 g Tahini
- 1 EL Honig

Außerdem
- Butter für die Form

1 Für den Schokoladenkuchen den Backofen auf 160 Grad vorheizen. **2** Sonnenblumenöl, 500 ml lauwarmes Wasser und die Eier in einer großen Schüssel mit einem Schneebesen gut verquirlen. In einer zweiten Schüssel Mehl, Zucker, Backpulver, Salz und Kakao vermischen. Nun die trockene Mischung in mindestens vier Portionen zu der flüssigen Mischung geben und mit dem Schneebesen einrühren, bis eine glatte Masse entstanden ist. Achtung! Nach dem Einarbeiten der letzten trockenen Mischung weitere 1–2 Minuten rühren, damit sich der Zucker auflöst. **3** Die Backform mit Butter ausstreichen. Den Teig einfüllen und die Form auf der mittleren Schiene in den heißen Ofen stellen. 40–50 Minuten backen. Mit einem Holzstäbchen prüfen, ob der Kuchen fertig durchgebacken ist. Herausnehmen und den Kuchen auskühlen lassen. **4 Für die Tahini-Ganache** die Schokolade in Stücke brechen und über einem heißen Wasserbad erhitzen. Wenn die Hälfte der Schokolade geschmolzen ist, zuerst Salz, anschließend Vanilleextrakt und portionsweise Tahini mit einem Schneebesen einrühren. Zum Schluss den Honig hinzufügen. Die warme Ganache auf dem Kuchen auftragen und auskühlen lassen.

♦ *Man kann zum Fetten der Backform auch Tahini nehmen, was dem Kuchen eine besondere zusätzliche Geschmacksnote verleiht.*

DAS TEAM

Tom Franz wurde im Rheinland geboren, kam durch einen Schüleraustausch nach Israel und leistete dort seinen Zivildienst für die Aktion Sühnezeichen Friedensdienste. Er studierte anschließend in Deutschland Jura und arbeitete als Anwalt. Doch von jeher galt seine Liebe dem Kochen. 2004 wanderte er nach Israel aus, konvertierte zum Judentum und heiratete Dana, die einer Familie von Holocaust-Überlebenden entstammt. Die beiden haben drei Kinder: David Baruch, Gabriel Adam und Elianna Sarah. Seine Frau, eine PR-Beraterin für Chefköche und Restaurants, erkannte sein Talent und ermutigte ihn, seiner Leidenschaft zu folgen. Und so wurde aus einem Anwalt ohne Leidenschaft ein leidenschaftlicher Koch. Heute ist Tom Franz einer der begehrtesten Köche für koschere Küche in Israel und Deutschland. Er hat eine eigene TV-Show, macht Koch-Workshops, entwickelt Rezepte für Unternehmen der Lebensmittelbranche und hält Vorträge über grenzüberschreitende Veränderungen und Motivationstraining in Schulen und Unternehmen.
facebook: Tom Franz Masterchef

Daniel Lailah, Fotograf, genießt in Israel sehr hohes Ansehen. Nach einer Ausbildung an der bekannten Schule Camera Obscura in Tel Aviv spezialisierte er sich ab 2002 im Bereich Food und arbeitet heute für große Unternehmen im Bereich der Lebensmittelindustrie, im Auftrag von Werbeagenturen, für Zeitschriften und Verlage in Israel und in Amerika sowie für Spitzenköche. Mit Tom Franz verbindet ihn eine regelmäßig erscheinende Foodreportage in einer der führenden Foodzeitschriften in Israel. Daniel Lailah ist verheiratet und hat drei Kinder.

Amit Farber hat einen Abschluss in Design and Art sowie in Industrial Design. Seit 2006 arbeitet er als Stylist im Lebensmittelbereich, in der Verpackungsindustrie und Gastronomie. Er hat einen Lehrauftrag für Industrial Design am Institute of Technology in Holon, Israel. In zahlreichen Kochbüchern weltweit steht sein Name für das Foodstyling. www.amitfarber.com

DANK

Ich freue mich, nach meinem ersten Buch »So schmeckt Israel« (2013) mit Gottes Hilfe nun mein zweites Kochbuch über die israelische Küche zu veröffentlichen. Wie schon beim ersten Titel ist das Buch auch dieses Mal das Ergebnis einer tollen Teamarbeit über Ländergrenzen hinweg. Dafür möchte ich als Autor Dank sagen.

Ria Lottermoser hat unermüdlich und mit Sorgfalt und Liebe zum Detail an dem Buch gearbeitet und in der Grafikdesignerin **Chandima Soysa** eine ebenbürtige Partnerin gefunden. Der Fotograf **Daniel Lailah** und der Stylist **Amit Farber** sind bereits ein eingespieltes Team, das weiß, wie man ein Gericht in Szene setzt und es dabei so gut aussehen lässt, wie es in Wirklichkeit auch schmeckt. Dank geht auch an die Eigentümer von **1220 Ceramics studio**, aus dem das meiste des herrlichen Geschirrs stammt. Darüber hinaus haben sie mit ihrem großen Wissen die Entstehung des Buches auch in manch anderer Hinsicht fachkundig begleitet. Vielen Dank auch an **Moran Lailah,** die uns manches Mal mit Zutaten und Geräten aus ihrer feinen Konditorei unterstützt hat.

Meine liebe Frau **Dana** hat die Produktion der Foodfotos tatkräftig geleitet und dafür gesorgt, dass im Wirrwarr der Sprachen Hebräisch, Deutsch und Englisch keine Information verloren geht.

Ich danke **Charlie Fadida**, der mit mir kochte, und seiner Lebensgefährtin **Morani Doar** für ihre Hilfe und das Make-up.

Dank gilt auch **Bino Gabso** alias **Dr. Shakshuka**, mit dem ich ebenfalls kochen durfte und der uns mit gutem Essen aus seiner Küche versorgte.

Und ich danke besonders dem **AT Verlag** und seinem Verleger **Urs Hunziker** für die fortgesetzte vertrauensvolle Zusammenarbeit für unser zweites gemeinsames Buch.

REZEPTVERZEICHNIS

A

Apfel
   Offene Apfelpie 155

Aubergine
   Auberginen-Linsen-Mus mit
     Granatapfelkernen 52
   Auberginensalat mit Tahini 41
   Gegrillte Aubergine mit
     Zitronen-Knoblauch-Püree 14
   Gestürzter Reistopf 133
   Herzhafte Moussaka 139
   Maqluba 133
   Röstgemüse mit Tahini-Sauce
     überbacken 116
   Rommaneye 52
   Sinía 116
   Tomaten-Tarte-Tatin 67

B

Baklava 149
Baslamé 21
Beeren
   Bulgur-Süßkartoffel-Tarte mit
     Kräutersalat 35
   Malabi 158
   Maqluba 133
   Rosencreme-Pudding mit
     Waldbeer-Coulis 158
   Weiße Schokoladenmousse mit
     Früchten der Saison 160
Belugalinsensalat mit Süßkartoffel 99
Blätterteig
   Balkanische Blätterteigtaschen 45
   Burekas 45
   Tomaten-Tarte-Tatin 67
Bleichsellerie
   Rote-Bete-Suppe mit Kube 112
Blumenkohl
   Blumenkohl in drei Texturen 71
   Im Ganzen gebackener Blumenkohl
     mit Tahini-Sauce 32
Bohnen
   Schabbateintopf 129
   Tscholent 129

Bulgur
   Bulgurauflauf nach libanesischer Art 109
   Bulgursalat mit Ziegenkäse und Datteln 96
   Bulgur-Süßkartoffel-Tarte mit
     Kräutersalat 35
   Drusische Linsen mit Bulgur und
     Kirschtomaten 115
   Gefüllte Zwiebeln mit Bulgur und
     Cranberries 121
   Medjadra 115
Burekas 45

C

Champignons
   Balkanische Blätterteigtaschen 45
   Burekas 45
   Hummus mit Pilzragout 106
Chicorée aus dem Ofen im eigenen
   süßen Sud 64
Chilischoten
   Gegrillter Gemüsesalat 48
   Herzhafte Moussaka 139
   Mashweja 48
   Massabacha mit Chilipüree 24
Chirshi 41
Couscous
   Gemischter Gemüsetopf auf Couscous 126
   Salat mit Mangold, Kichererbsen und
     Couscous 84
   Israelischer Couscous 87

D

Datteln
   Bulgursalat mit Ziegenkäse und Datteln 96

E

Eier
   Balkanische Blätterteigtaschen 45
   Bulgur-Süßkartoffel-Tarte mit
     Kräutersalat 35
   Burekas 45
   Eija 29
   Feigencrostata mit Mandelcreme 144
   Filotarte mit Reis-Spinat-Käse-Füllung 104

Hefehörnchen mit Nutellafüllung 152
Jerusalem-Kugel 26
Karottenpüree 134
Kartoffel-Kräuter-Puffer mit Paprikasalsa 29
Kartoffelsalat mit Tahini-Sauce 90
Lauchfrikadellen mit gerösteten Zucchini
   in Joghurt 12
Massabacha mit Chilipüree 24
Offene Apfelpie 155
Rugelach 152
Saftiger Schokoladenkuchen mit
   Tahini-Ganache 166
Schabbateintopf 129
Tscholent 129
Weintraubenkuchen 150
Eija 29

F
Feigencrostata mit Mandelcreme 144
Filoteig
   Baklava 149
   Filotarte mit Reis-Spinat-Käse-Füllung 104
   Schokoladen-Nuss-Filogebäck 149
Frena 42
Fritten, israelische, mit Milch-Aioli und
   Madbucha 17

G
Gemüsesalat, gegrillt 48
Gemüsetopf, gemischt, auf Couscous 126
Granatapfelkerne
   Auberginen-Linsen-Mus mit
     Granatapfelkernen 52
   Rommaneye 52
Graupen
   Schabbateintopf 129
   Tscholent 129
Grieß
   Grießkuchen ohne Mehl 146
   Rote-Bete-Suppe mit Kube 112
Gurke
   Israelische Panzanella 100
   Kalte Joghurtsuppe mit Rosinen, Nüssen
     und Rosenblättern 72

Wassermelonensalat 88

H
Halwa
   Halwa-Creme mit Kadaifi-Crunch und
     kandierten Pekannüssen 163
   Hefehörnchen mit Nutellafüllung 152
Honig
   Baklava 149
   Saftiger Schokoladenkuchen mit
     Tahini-Ganache 166
   Schokoladen-Nuss-Filogebäck 149
Hummus
   Hummus mit Pilzragout 106
   Hummussuppe mit Spinat 62

J
Jerusalem-Artischocke siehe auch Topinambur
   Jerusalem-Artischocken in
     Tomatensauce 140
Jerusalem-Kugel 26
Joghurt
   Baslamé 21
   Bulgurauflauf nach libanesischer Art 109
   Drusische Linsen mit Bulgur und
     Kirschtomaten 115
   Eija 29
   Kalte Joghurtsuppe mit Rosinen, Nüssen
     und Rosenblättern 72
   Kartoffel-Kräuter-Puffer mit Paprikasalsa 29
   Lauchfrikadellen mit gerösteten Zucchini
     in Joghurt 12
   Medjadra 115
   Schnelle Joghurt-Pita aus der Pfanne mit
     Labané 21
   Weiße Schokoladenmousse mit
     Früchten der Saison 160

K
Kadaifi-Teig
   Halwa-Creme mit Kadaifi-Crunch und
     kandierten Pekannüssen 163
   Kadaifi-Auflauf mit Kirschtomatensalat 124
   Pikantes Knafe 124
   Tahini-Eis im Kadaifi-Nest 164

Käse
    Bulgursalat mit Ziegenkäse und Datteln 96
    Filotarte mit Reis-Spinat-Käse-Füllung 104
    Gebratener Ziegenkäse auf
      Rote-Bete-Creme 61
    Herzhafte Moussaka 139
    Israelische Panzanella 100
    Kadaifi-Auflauf mit Kirschtomatensalat 124
    Kürbiscarpaccio 56
    Pikantes Knafe 124
    Roter Risotto mit Roter Bete und
      grünem Spargel 78
    Tomaten-Tarte-Tatin 67
    Wassermelonensalat 88
    Wurzel- und Sprossensalat mit
      gebratenem Halloumi 82
Kakao
    Kardamomtrüffeln 156
    Saftiger Schokoladenkuchen mit
      Tahini-Ganache 166
Karotten
    Chirshi 41
    Gemischter Gemüsetopf auf Couscous 126
    Gestürzter Reistopf 133
    Karottenpüree 134
    Kürbismus 41
    Maqluba 133
    Wurzel- und Sprossensalat mit
      gebratenem Halloumi 82
Kartoffeln
    Bulgurauflauf nach libanesischer Art 109
    Eija 29
    Gestürzter Reistopf 133
    Herzhafte Moussaka 139
    Israelische Fritten mit Milch-Aioli und
      Madbucha 17
    Karottenpüree 134
    Kartoffel-Knoblauch-Cremesuppe mit
      Knofit 74
    Kartoffel-Kräuter-Puffer mit Paprikasalsa 29
    Kartoffelsalat mit Tahini-Sauce 90
    Maqluba 133
Kichererbsen
    Gemischter Gemüsetopf auf Couscous 126
    Hummus mit Pilzragout 106
    Hummussuppe mit Spinat 62
    Israelischer Salat und Falafeln mit
      Sumakzwiebeln 93
    Kushari 136
    Massabacha mit Chilipüree 24
    Reistopf mit Linsen und Nudeln 136
    Salat mit Mangold, Kichererbsen und
      Couscous 84
    Schabbateintopf 129
    Tscholent 129
Knafe, pikantes 124
Knoblauch
    Auberginen-Linsen-Mus mit
      Granatapfelkernen 52
    Auberginensalat 41
    Chirshi 41
    Gegrillte Aubergine mit
      Zitronen-Knoblauch-Püree 14
    Gegrillter Gemüsesalat 48
    Herzhafte Moussaka 139
    Hummussuppe mit Spinat 62
    Israelische Fritten mit Milch-Aioli und
      Madbucha 17
    Jerusalem-Artischocken in
      Tomatensauce 140
    Kartoffel-Knoblauch-Cremesuppe mit
      Knofit 74
    Kürbismus 41
    Lauchfrikadellen mit gerösteten Zucchini
      in Joghurt 12
    Mashweja 48
    Olivensalat 51
    Rommaneye 52
    Röstgemüse mit Tahini-Sauce
      überbacken 116
    Salat mit Mangold, Kichererbsen und
      Couscous 84
    Schabbateintopf 129
    Sinía 116
    Tscholent 129
Kohlrabi
    Kohlsteak mit Tomatensalat und
      Tahini-Sauce 77

Wurzel- und Sprossensalat mit
   gebratenem Halloumi 82
Kokoscreme
   Kardamomtrüffeln 156
Kürbis
   Chirshi 41
   Gemischter Gemüsetopf auf
      Couscous 126
   Kürbiscarpaccio 56
   Kürbismus 41
Kushari 136

L
Labané 21
   Baslamé 21
   Gegrillte Aubergine mit
      Zitronen-Knoblauch-Püree 14
   Israelischer Salat und Falafeln mit
      Sumakzwiebeln 93
   Okra-Kirschtomaten-Salat auf Labané 58
   Schnelle Joghurt-Pita aus der Pfanne mit
      Labané 21
Lauchfrikadellen mit gerösteten Zucchini
   in Joghurt 12
Linsen
   Auberginen-Linsen-Mus mit
      Granatapfelkernen 52
   Belugalinsensalat mit Süßkartoffel 99
   Drusische Linsen mit Bulgur und
      Kirschtomaten 115
   Kushari 136
   Medjadra 115
   Reistopf mit Linsen und Nudeln 136
   Rommaneye 52

M
Madbucha 18
Malabi 158
Massabacha mit Chilipüree 24
Mandeln
   Feigencrostata mit Mandelcreme 144
   Weintraubenkuchen 150
Mangold
   Rote-Bete-Suppe mit Kube 112

   Salat mit Mangold, Kichererbsen und
      Couscous 84
Maqluba 133
Mashweja 48
Massabacha mit Chilipüree 24
Medjadra 115
Milch-Aioli 18
Moussaka, herzhafte 139

N
Nudeln
   Jerusalem-Kugel 26
   Kushari 136
   Reistopf mit Linsen und Nudeln 136
Nüsse
   Baklava 149
   Belugalinsensalat mit Süßkartoffeln 99
   Bulgursalat mit Ziegenkäse und Datteln 96
   Bulgur-Süßkartoffel-Tarte mit
      Kräutersalat 35
   Gefüllte Zwiebeln mit Bulgur und
      Cranberries 121
   Gestürzter Reistopf 133
   Halwa-Creme mit Kadaifi-Crunch und
      kandierten Pekannüssen 163
   Kalte Joghurtsuppe mit Rosinen, Nüssen
      und Rosenblättern 72
   Maqluba 133
   Schokoladen-Nuss-Filogebäck 149
Nutella
   Hefehörnchen mit Nutellafüllung 152
   Rugelach 152

O
Okra-Kirschtomaten-Salat auf Labané 58
Oliven
   Israelische Panzanella 100
   Olivensalat 51
   Wassermelonensalat 88

P
Paprikaschoten
   Eija 29
   Gegrillter Gemüsesalat 48

Israelische Panzanella 100
Kartoffel-Kräuter-Puffer mit Paprikasalsa 29
Röstgemüse mit Tahini-Sauce
 überbacken 116
Mashweja 48
Sinía 116
Pekannüsse
 Halwa-Creme mit Kadaifi-Crunch und
  kandierten Pekannüssen 163
Pistazien
 Baklava 149
 Schokoladen-Nuss-Filogebäck 149
 Tahini-Eis im Kadaifi-Nest 164
Polenta
 Weintraubenkuchen 150
Ptitim
 Israelischer Couscous 87
 Jerusalem-Artischocken in
  Tomatensauce 140
 Leichter Sommersalat 87

R
Reis
 Filotarte mit Reis-Spinat-Käse-Füllung 104
 Gestürzter Reistopf 133
 Kushari 136
 Maqluba 133
 Reistopf mit Linsen und Nudeln 136
 Roter Risotto mit Roter Bete und
  grünem Spargel 78
Röstgemüse mit Tahini-Sauce
 überbacken 116
Rommaneye 52
Rosencreme-Pudding mit
 Waldbeer-Coulis 58
Rote Bete
 Gebratener Ziegenkäse auf
  Rote-Bete-Creme 61
 Rote-Bete-Suppe mit Kube 112
 Roter Risotto mit Roter Bete und
  grünem Spargel 78
 Wurzel- und Sprossensalat mit
  gebratenem Halloumi 82
Rugelach 152

S
Salat
 Gegrillter Gemüsesalat 48
 Israelischer Salat und Falafeln mit
  Sumakzwiebeln 93
 Leichter Sommersalat 87
 Okra-Kirschtomaten-Salat auf Labané 58
 Salat mit Mangold, Kichererbsen und
  Couscous 84
Schabbateintopf 129
Schokolade
 Baklava 149
 Kardamomtrüffeln 156
 Saftiger Schokoladenkuchen mit
  Tahini-Ganache 166
 Schokoladen-Nuss-Filogebäck 149
 Weiße Schokoladenmousse mit
  Früchten der Saison 160
Sinía 116
Spargel
 Roter Risotto mit Roter Bete und
  grünem Spargel 78
Spinat
 Filotarte mit Reis-Spinat-Käse-Füllung 104
 Hummussuppe mit Spinat 62
Sprossen
 Wurzel- und Sprossensalat mit
  gebratenem Halloumi 82
Süßkartoffeln
 Balkanische Blätterteigtaschen 45
 Belugalinsensalat mit Süßkartoffel 99
 Bulgur-Süßkartoffel-Tarte mit
  Kräutersalat 35
 Burekas 45
Tahini
 Auberginensalat mit Tahini 41
 Gebackener Blumenkohl mit
  Tahini-Sauce 32
 Hummus mit Pilzragout 106
 Israelische Panzanella 100
 Kartoffelsalat mit Tahini-Sauce 90
 Kohlsteak mit Tomatensalat und
  Tahini-Sauce 77
 Massabacha mit Chilipüree 24

Röstgemüse mit Tahini-Sauce
  überbacken 116
Sinía 116
Tahini-Eis im Kadaifi-Nest 164

T
Tomaten
  Bulgur-Süßkartoffel-Tarte mit
    Kräutersalat 35
  Drusische Linsen mit Bulgur und
    Kirschtomaten 115
  Frena 42
  Gegrillter Gemüsesalat 48
  Israelische Fritten mit Milch-Aioli und
    Madbucha 17
  Israelische Panzanella 100
  Israelischer Salat und Falafeln mit
    Sumakzwiebeln 93
  Jerusalem-Artischocken in
    Tomatensauce 140
  Kadaifi-Auflauf mit Kirschtomatensalat 124
  Kohlsteak mit Tomatensalat und
    Tahini-Sauce 77
  Mashweja 48
  Medjadra 115
  Okra-Kirschtomaten-Salat auf Labané 58
  Pikantes Knafe 124
  Tomaten-Tarte-Tatin 67
Topinambur
  Jerusalem-Artischocken in
    Tomatensauce 140
Tscholent 129

W
Wassermelonensalat 88
Weintraubenkuchen 150
Weißkohl
  Kohlsteak mit Tomatensalat und
    Tahini-Sauce 77
Weizen
  Schabbateintopf 129
  Tscholent 129
  Wurzel- und Sprossensalat mit
    gebratenem Halloumi 82

Z
Zitronen
  Gegrillte Aubergine mit
    Zitronen-Knoblauch-Püree 14
  Eingelegte Zitronen 14
Zucchini
  Gemischter Gemüsetopf auf
    Couscous 126
  Lauchfrikadellen mit gerösteten Zucchini
    in Joghurt 12
  Röstgemüse mit Tahini-Sauce
    überbacken 116
  Sinía 116
  Wurzel- und Sprossensalat mit
    gebratenem Halloumi 82
Zwiebeln
  Bulgurauflauf nach libanesischer Art 109
  Drusische Linsen mit Bulgur und
    Kirschtomaten 115
  Gefüllte Zwiebeln mit Bulgur und
    Cranberries 121
  Gemischter Gemüsetopf auf Couscous 126
  Gestürzter Reistopf 133
  Herzhafte Moussaka 139
  Hummus mit Pilzragout 106
  Israelischer Salat und Falafeln mit
    Sumakzwiebeln 93
  Karottenpüree 134
  Kushari 136
  Maqluba 133
  Medjadra 115
  Reistopf mit Linsen und Nudeln 136
  Röstgemüse mit Tahini-Sauce
    überbacken 116
  Rote-Bete-Suppe mit Kube 112
  Schabbateintopf 129
  Sinía 116
  Tscholent 129

© 2017
AT Verlag, Aarau und München
Idee, Produktmanagement und Lektorat: Ria Lottermoser
Grafische Gestaltung und Satz: Chandima Soysa
Druck und Bindearbeiten: Printer Trento, Trento
Printed in Italy

ISBN 978-3-03800-957-3

www.at-verlag.ch

Der AT Verlag, AZ Fachverlage AG, wird vom Bundesamt für Kultur mit einem Strukturbeitrag für die Jahre 2016–2020 unterstützt.